Tasty food, cheerful people
FUKUOKA!

COLOR+PLUS

福岡
糸島

Ready to go!

人人出版

#FUKUOKA OPEN TOP BUS　》P.22

早安！
天氣真好～
快點過來玩吧！

WELCOME!

#精品咖啡　》P.24

照片提供．福岡市

2

啟程！
福岡體感之旅！

照片提供：福岡市

Can't wait to see you!

#相島 ≫P.26

#大濠公園 ≫P.86

#福岡機場 ≫P.62

#甘王草莓甜點 ≫P.56

有美食就是
幸福的旅程。

#講究的定食屋 ≫P.50

拉麵、火鍋、明太子。

樣樣就是超人氣的福岡名物！嗚呼…真是三口自了！

（右起）色彩豐富的御守一應俱全的「寶滿宮 竈門神社」（≫P.122）、充滿歐洲氛圍的「天神地下街」（≫P.76）、可以品嚐到網美甜點的「DAIMYO SOFTCREAM」的霜淇淋蘇打（≫P.21）、糸島的草莓農家直營的「いちごやcafe TANNAL」的甜點（≫P.112）

（右起）以大海為背景遍地開花的「能古島海島公園」（▶P.92）、位於糸島的濱海咖啡廳「SUNSET」會舉辦九州最大級的音樂祭「Sunset Live（▶P.107）、通稱「天使之翼」的壁畫就位於濱海餐廳「PALM BEACH」過馬路對面的海灘上（▶P.106）

從街道走向森林、大海、小島。

#五塔瀑布　▶P.130
ⓒ篠栗町観光協会

在這裡留下回憶
比留下紀錄更重要。

#光之道　≫P.127

6

明天又會
遇見什麼呢？

#百道夜景 ≫P.88

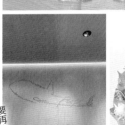

#レミさんち #yataichezremy

夜晚正要開始。

要再去
另一家嗎？

（右起）由爽朗親切的法國人店長Rémy先生所開設的屋台「レミさんち」（≫P.18）、可以在夜晚品嚐聖代的「大名PARFAIT FRUITS PLANET」（≫P.56）、空間和料理都充滿樂趣的「博多炉端 魚男 FISH MAN」（≫P.21）、以機場為主題的咖啡廳「FUK COFFEE」（≫P.25）

018 |

020 |

022 |

024 |

026 |

028 |

What do you feel
like doing?

064 |

066 |

090 |

092 |

096 |

098 |

110 |

120 |

#霜淇淋 #大名

📍 DAIMYO SOFTCREAM >> P.21

#嶄新 #博多人偶

📍 田中勇気博多人形工房 >> P.98

#綠色隧道 #櫸木林

📍 櫸樹大道

#太宰府 #學問之神

📍 太宰府天滿宮 >> P.120

WELCOME
TO
Fukuoka 福岡
Itoshima 糸島
Get Ready!

#甘王 #奢華甜點

📍 いちごや cafe TANNAL >> P.112

#海濱 #絕景咖啡廳

📍 CURRENT >> P.106

#糸島午餐 #吃到飽

📍 danza padella >> P.108

#歐風屋台 #時尚

📍 Telas&mico >> P.19

從福岡出發
太宰府・柳川

太宰府天滿宮 **P.120**

祭祀學問之神菅原道真。滿是商店和咖啡廳的參道也非常好逛。

王道觀光

寶滿宮 竈門神社 **P.122**

由設計師以櫻花為主題打造出充滿現代風格的社務所而蔚為話題。

櫻花粉紅色

柳川 **P.124**

可以搭乘搖櫓船漫遊城下町的護城河，來趟愉快的輕舟之旅。

水上散步

稍微走遠一點
糸島

櫻井二見浦 **P.104**

夏至時期的夕陽景色特別漂亮，海上的夫婦岩也是看點。

拍照景點

海景咖啡廳 **P.106**

可在露台和店內眺望沿海景色的咖啡廳非常受歡迎。

海景風光

➕more Spot
伊都菜彩 **P.118**

聚集了豐富糸島物產的產地直銷市場。年間來客數號稱有超過130萬人。

驚人的產地直銷

盡情享樂
福岡市區

福岡塔 **P.88**

可以欣賞到隨四季更迭而變化的霓虹彩燈，是福岡的象徵高塔。

地標

大濠公園 **P.86**

池塘四周有整備齊全的步道，水畔風光讓人身心放鬆的休憩景點。

綠洲

➕more Area
能古島 **P.92**

花田會依各個季節盛開油菜花或大波斯菊等，是絕佳的賞花名勝。

遍地花海

PICK UP!

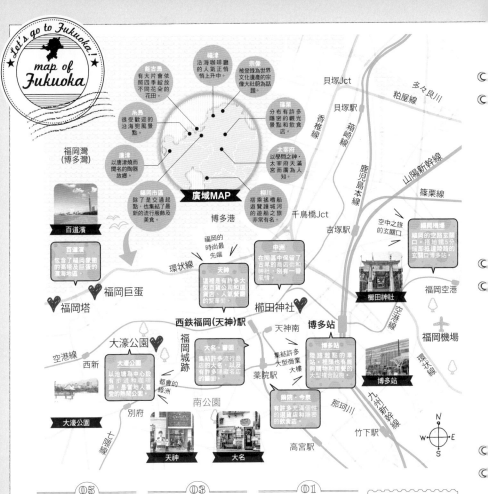

行前小知識

在此選錄了想在福岡觀光時最好要先知道的交通事項和建議的交通方式。在福岡市內可搭乘大眾交通工具，想走遠一點的話則建議租車前往。

05 福岡的便宜計程車「熊貓計程車」

以超低起跳價¥310打響名號，範圍也從福岡市內到糸島、太宰府等。由於很難在路上招到，建議最好事前打電話☎092-716-2170預約。

03 想稍微走遠一點到糸島的話建議租車

市內電車和直達電車多且密集的太宰府、柳川區域，使用大眾交通工具就夠了；但要前往景點分散、巴士和電車也少的糸島就必須租車。

01 在福岡市區移動時可搭乘巴士或地鐵

前往天神時，車站位於中心部的地鐵搭乘起來非常方便。而在博多和鄰近區域一帶，網羅了福岡市內各處的路線巴士也很方便。

06 在福岡市中心一帶搭乘路線巴士較為划算

在天神～博多站間的區域，不管搭哪一線的巴士，車資都是¥150。經由博多運河城的運河城巴士也很方便。

04 往來糸島時要小心塞車

可以從福岡市內輕鬆前往的糸島是很受歡迎的兜風景點。一到假日，往來的道路就容易塞車，最好要多留一點時間。

02 若要租車建議在福岡機場

機場周邊有一些費用相對便宜的租車店。有些店家還有到機場接送的服務，不妨事先確認一下。

有新店陸續開張的
福岡屋台
eat

依照福岡市屋台基本條例，募集有意開設屋台的店家。2017年有20多間新店家，2021年則有5間新店家。歐風創意料理、多國籍料理、咖啡廳形式等充滿個性的屋台也越來越多了。

福岡市內的晚餐
都必須預約
eat

在福岡市內的博多和天神區域的飲食店，週末就不用說了，就連平日通常也都熱鬧非凡。尤其是晚上的時段，人氣餐廳經常會客滿，如果有確定想要去的店，建議最好事前預約。

Have a Nice Trip!

行前須知

TOPICS

Fukuoka
Itoshima

要注意PM 2.5！
weather

臨近中國的福岡，以日本全國來說，沙塵與PM 2.5的飛散量算是比較多的。尤其是從3月到5月的這段期間，空氣品質不佳的情況一年比一年嚴重，不妨注意一下天氣預報，戴好口罩防範！

福岡市內的飯店
要儘早預約
stay

福岡市內的旅宿設施相對於觀光客人數來說比較不足。尤其是有人氣歌手舉辦演唱會等情況時，市內的飯店經常會客滿。決定好日程後就儘早預約吧！

博多與福岡的
不同之處是？
culture

福岡城興建後，福岡地區就作為城下町而繁榮至今；另一方面，作為商業重鎮的博多地區自古以來就貿易興盛，有許多保留了當時風貌的建築物。因為有這樣的歷史，而將市名取為「福岡」，車站名則取為「博多」，沿用至今。

被認定為世界文化遺產
的宗像大社
culture

2017年7月「神宿之島」宗像·沖之島及相關遺產群被登錄為世界文化遺產。包含以大和朝廷為中心舉辦國家祭祀的宗像大社 邊津宮在內，共有8處遺產群。

福岡機場的交通便利性
世界首屈一指，搭乘地
鐵5分鐘即到博多站
map route

空路的玄關口福岡機場，只要搭乘地鐵不需轉乘5分鐘即可抵達博多站，非常方便。設施也很齊全，有美食區和集結全日本拉麵店的「拉麵跑道」，以及可以買到九州甜點伴手禮的「SWEETS HALL」。

能充分體會
瀑布自然之美的
五塔瀑布
nature

這是位於篠栗新四國靈場第70號札所的五塔瀑布觀音堂境內的瀑布，落差約20m。瀑布下游也被綠意圍繞，有許多人會攜家帶眷前來捕捉澤蟹。特別是夏天，能夠感受到大量的負離子，是避暑的絕佳地點。

前往太宰府可搭乘
觀光列車「旅人」
map route

從西鐵福岡（天神）站和西鐵二日市站開往太宰府站的列車「旅人」是可以用一般車資搭乘的觀光列車。車體外側畫有太宰府的觀光名勝及四季花卉，內部則有每個車廂各不相同的5種開運紋樣作為裝飾。
»P.139

牡蠣小屋開張！ 整片的大波斯菊花田，讓人陶醉其中 不可錯過的博多祇園山笠！ 又大又甜！當季的「甘王草莓」

3月	2月	1月	12月	11月	10月	9月	8月	7月	6月	5月	4月

當季食材

真鯛（5～10月）

甘王草莓（12～5月）

青甘（12～2月）

日本對蝦（5～8月）

牡蠣（11～3月）

槍烏賊（4～8月）

虎河豚（12～3月）

鯖魚（6～7月）

黃尾鰤（3～11月）

從10月中旬到3月的這段期間，糸島市的冬季風物詩牡蠣小屋會開張。在糸島市的漁港周邊約有20幾家店鋪。採用以炭火或瓦斯爐自助燒烤的形式，除了牡蠣之外，也可以享用各種魚貝類和原創料理。

在「能古島海島公園」，從10月上旬到下旬會有50萬株早開大波斯菊盛開，10月下旬到11月中旬則有30萬株秋開大波斯菊盛開，可以長期欣賞到大波斯菊之美。

四季花卉

大波斯菊（能古島海島公園等）

油菜花（能古島海島公園等）

花菖蒲（椛島菖蒲園等）

櫻花（福岡城跡等）

銀杏（櫛田神社等）

紫藤花（河內藤園等）

日出 / 日落

	3月	2月	1月	12月	11月	10月	9月	8月	7月	6月	5月	4月
日出	6:47	7:15	7:23	7:04	6:37	6:12	5:52	5:30	5:12	5:09	5:30	6:07
日落	18:15	17:49	17:21	17:10	17:27	18:04	18:45	19:19	19:33	19:23	19:01	18:39

氣溫（℃）

	3月	2月	1月	12月	11月	10月	9月	8月	7月	6月	5月	4月
max.	15.0	11.6	10.2	12.6	18.2	23.7	28.6	32.5	31.2	27.2	24.4	19.9
min.	7.2	4.4	3.9	5.8	10.6	16.0	21.6	25.4	24.6	20.3	16.1	11.5

3月	2月	1月	12月	11月	10月	9月	8月	7月	6月	5月	4月

在柳川舉行由打扮成雛偶模樣的女孩們搭乘搖櫓船的「女兒節水上遊行」。

紅葉開始變色的行樂季節。太宰府的寶滿宮 竈門神社也是賞紅葉名所。

從7月初到中旬，博多和天神區域會展示用於「博多祇園山笠」的裝飾山笠花車。

在黃金週舉辦的「博多咚咔打鼓節」，此時由博多站到天神區域會有部分地區進行交通管制。

季節活動

3月 11日～4月3日的其中一天 柳川遊船 女兒節水上遊行

11月 上旬 承天寺、東長寺、櫛田神社（預定）等 漫步博多老街燈光秀 千年煌夜 中旬～1月 福岡塔及其周邊 百道藍光彩燈秀

9月 第1週六日 芥屋海水浴場 Sunset Live

10月 中旬 志摩中央公園 糸島工藝節

5月 3、4日 明治通等 博多咚咔打鼓海港節

7月 1～15日 櫛田神社等 博多祇園山笠

※氣溫數據是來自於1991至2020年的福岡平均氣溫（氣象廳提供）。日出、日落時刻是來自於2022年當月1日的時刻（國立天文台提供）。當季盛產及建議內容僅供參考。活動的舉辦時期和內容可能會有變動，請事前加以確認。

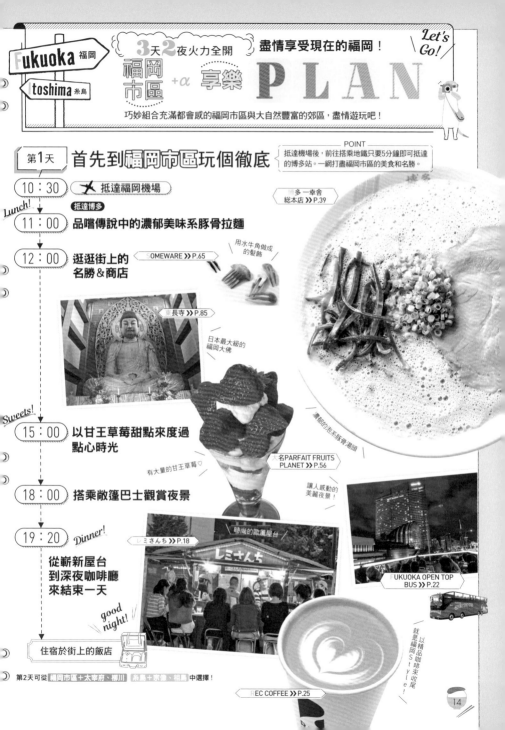

Fukuoka 福岡
toshima 糸島

3天**2**夜火力全開
福岡市區 +α 享樂 **PLAN**

盡情享受現在的福岡！ *Let's Go!*

巧妙組合充滿都會感的福岡市區與大自然豐富的郊區，盡情遊玩吧！

第1天 **首先到福岡市區玩個徹底**

POINT
抵達機場後，前往搭乘地鐵只要5分鐘即可抵達的博多站。一網打盡福岡市區的美食和名勝。

博多 一幸舍
総本店 ≫ P.39

10：30 ✈ 抵達福岡機場

抵達博多

Lunch!

11：00 **品嚐傳說中的濃郁美味系豚骨拉麵**

用水牛角做成的髮飾

SOMEWARE ≫ P.65

12：00 **逛逛街上的
名勝＆商店**

東長寺 ≫ P.85

日本最大級的福岡大佛

濃稠的泡末豚骨湯頭

Sweets!

15：00 **以甘王草莓甜點來度過
點心時光**

有大量的甘王草莓♡

大名PARFAIT FRUITS
PLANET ≫ P.56

18：00 **搭乘敞篷巴士觀賞夜景**

讓人感動的美麗夜景！

時尚的歐風屋台

レミさんち ≫ P.18

FUKUOKA OPEN TOP
BUS ≫ P.22

19：20 *Dinner!*

**從嶄新屋台
到深夜咖啡廳
來結束一天**

*good
night!*

住宿於街上的飯店

以精品咖啡來收尾

就是福岡Style！

第2天可從 福岡市區＋太宰府、柳川 糸島＋索像、相島 中選擇！

REC COFFEE ≫ P.25

14

第3天　前往懷舊市區　太宰府、柳川

POINT
搭乘西鐵電車前往太宰府、柳川。徒步在車站周邊觀光

10:00　**太宰府天滿宮&參道巡禮**

參拜學問之神

太宰府天滿宮 >> P.120

搭乘小舟搖啊搖

13:00　**以遊船來趟水上散步**

柳川遊船 >> P.124

14:00　Lunch!

柳川名物！蒸籠鰻魚飯

若松屋 >> P.125

香氣四溢的蒸籠鰻魚飯

福岡機場 ✈

第2天　深度挖掘　福岡市區

POINT
第2天可以轉乘地鐵和巴士前往海邊

〔路線1〕

深度

福岡市區+太宰府、柳川散步行程

10:00　**在大濠公園散步**

被池塘和綠意圍繞的都會綠洲

大濠公園 >> P.86

好豐盛！

わっぱ定食堂 天神店 >> P.50

12:00　Lunch!

午餐就吃CP值高的定食

百道海濱公園 >> P.89

13:30　**在百道來個海邊散步**

16:00　**前往隱密咖啡廳**

白金茶房 >> P.60

19:00　Dinner!

用美味的地方美酒乾杯！

伊食家 KOTOBUKI >> P.52

住宿於街上的飯店

第3天　前往話題不斷的相島、宗像

POINT
租車前往新宮漁港，搭乘渡輪到相島

09:40　**搭乘渡輪抵達相島。展開療癒的貓咪時光♡**

遇見可愛的貓咪♡

12:00　**前往世界文化遺產之一的宗像大社**

相島 >> P.26

所有道路的守護神

宗像大社 邊津宮 >> P.126

在近海捕獲的新鮮海產魅力十足

13:30　Lunch!

在公路休息站むなかた購物&吃午餐

公路休息站むなかた >> P.126

福岡機場 ✈

第2天　糸島的自然恩惠享受之旅

POINT
在市內租車出發享受兜風之旅！

〔路線2〕

爽快！

糸島+宗像、相島兜風行程

10:00　**出發前往海濱兜風**

在話題的攝影景點「天使之翼」拍攝美照

櫻井二見浦 >> P.104

襯托蔚藍大海的白色鳥居

ganza padella >> P.108

對身體有益的健康午餐

11:30　Lunch!

品嚐糸島蔬菜滿點的午餐

13:30　**逛逛漂亮的商店**

Zakka so-la >> P.112

發現色彩繽紛的雜貨！

住宿於福岡市內

現在福岡讓人開心的事

Fukuoka makes me Happy

相島
あいのしま
»P.26

鄰近都會旁就有
藍天和閃耀的大海。
找尋美好的事物，
隨心所欲地信步間晃。

請大家來品嚐我做的博多法國菜

歡迎光臨

日語和博多方言都很流利的老闆兼主廚Rémy先生

嶄新屋台 × 續攤暢飲
拉開夜生活的序幕

福岡的屋台有歐式風格、野味料理等各種時髦店家進駐，不妨每一攤都來嘗鮮看看吧！

在福岡市的公開招募下，福岡市內的屋台於2017年又增加了20多家店鋪，2021年又有5間新店登場。當中還有由法籍老闆經營的歐風屋台、提供精品咖啡的咖啡廳屋台等，不僅讓人耳目一新，也廣受大眾歡迎。越晚越熱鬧的福岡屋台，請務必要來親身體驗一番。

LOCAL'S ADVICE

Naomi Kamikawa

福岡市內的探訪寫手

屋台特色！ Find

由法籍老闆經營的精緻歐風屋台

如店名的意思「雷米家」所示，有宛如住家般的三角屋頂，外觀非常可愛

推薦美食！ Recommend

加了大量蔬菜的本日鹹派（￥600），在法國被稱為蔬食鹹派

レミさんち

由開朗活潑的法籍員工所經營的熱鬧屋台。除了正統的法國佳餚外，還有「手作奶油南瓜麵疙瘩」等主廚獨創的法式創意料理，只有這裡才吃得到喔！

使用帕瑪森起司、奶油起司等數種起司製成的焗烤吐司（￥600）

渡邊通 ▶ MAP 附錄 P.7 C-4
☎092-986-2117 休週日、一
🕐18:30～0:00 📍福岡市中央区渡辺通4-9 天神LOFT前 🚃西鐵福岡（天神）站步行5分 🅿無

有多道可搭配葡萄酒的美食喔

從絞肉到裝入腸衣皆為純手工自製的牛肝菌香腸（￥800）

\\乾杯～//

店內採ㄷ字型的吧檯座，讓顧客彼此能熱絡地聊天

以充滿暖意的橘色布簾為標誌的屋輛，給人明亮開朗的印象

清爽的藍色外觀十分吸睛，充滿歐洲的時尚感

屋台特色！
Find

推薦美食！
Recommend

關東煮的食材有30多種，從經典款到創意款應有盡有。白蘿蔔等常見的食材為¥160～

使用博多著名的飛魚高湯製作的美味料理

選用長崎縣五島列島的「五島烏龍麵」製作的梅子蘿蔔泥烏龍麵（¥600）

輕鬆享受九州的在地野味

來自熊本手工製作的鹿肉香腸炒蘆筍（¥800）

以鹽味醬料調味的時令野味炒蔬菜（¥700）

從多國籍料理到正統滴濾式手沖咖啡

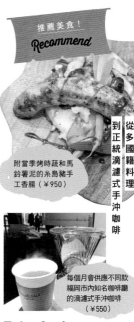

附當季烤時蔬和馬鈴薯泥的糸島豬手工香腸（¥950）

每個月會供應不同款福岡市內知名咖啡廳的滴濾式手沖咖啡（¥550）

あごだし亭きさいち
あごだしていきさいち

以使用福岡特有的飛魚高湯製作的菜色為主。高湯蛋捲、白蘿蔔燉牛筋等蘊含高湯鮮味的料理，連在地人也讚不絕口。最後不是以拉麵而是用烏龍麵來收尾。

天神 ▶ **MAP** 附錄 P.6 B-2
☎080-4694-9187 休不定休
🕐18:30～23:30 ♀福岡市中央区天神
2-12-1 🚃西鐵福岡（天神）站步行5
分 🅿無

情熱の千鳥足
じょうねつのちどりあし

能吃到山豬、鹿等在九州捕獲的野味所做成的料理。由於各種食材都是一次採購一整頭，各個部位都品嚐得到。有關東煮、串燒等多樣菜色，搭配啤酒或日本酒都很對味。

渡邊通 ▶ **MAP** 附錄 P.7 C-4
☎090-5690-6855 休不定休
🕐18:30～翌1:00 ♀福岡市中央区渡
辺通4-9 天神LOFT前 🚃西鐵福岡
（天神）站步行5分 🅿無

Telas&mico
テラスアンドミコー

提供烤牛肉、普切塔等多種以歐洲餐點為主的多國籍料理。還喝得到在屋台十分罕見的道地滴濾式手沖咖啡，來享用一杯咖啡也很值得。

渡邊通 ▶ **MAP** 附錄 P.7 C-4
☎092-731-4917 休週日、一
🕐18:45～24:00 ♀福岡市中央区渡
辺通4 天神LOFT前 🚃西鐵福岡（天
神）站步行5分 🅿無

視覺上的衝擊感吸引人拍照上傳！

無限驚喜 × 絕佳美味

吸睛又上相的甜點&美食

口味與外觀皆令人驚艷的美食大集合！
繽紛華麗的料理絕對能在社群媒體上引爆話題

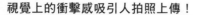

MENU

c 閃電泡芙
¥280〜

MENU

d 跳跳糖草莓
餅乾聖代
¥860

LOCAL's ADVICE

經驗豐富的
美食攝影師

Tarou Iwanaga

MENU

a 蠟燭蛋糕
¥500

活潑繽紛的顏色超上相

濃郁的霜淇淋上點綴
著各色花嫁果子及吃
起來嗶嗶啵啵的跳跳
糖，非常可愛

Sweets

marbre blanc

COLORFUL

蠟燭造型的蛋糕
十分搶眼！

看似玩具般的
外觀相當討喜

CREAMY

以馬斯卡彭乳酪為基
底的濃厚奶油與日本
產草莓搭配出的絕妙
滋味。海綿蛋糕為可
可口味

Sweets

MENU

b 頂級鮮奶油
牛奶霜淇淋
¥500

利用能打入空氣的特
殊機器做出光滑外
觀，加入鮮奶油，口
感香醇濃郁

Sweets

將7種生魚片擺放在
自創的階梯狀盤子
上，再搭配自家製的
煙燻醬油或鹽麴醬油
一起享用

Dish

博得全國老饕一致好評的
福岡縣各地美味不勝枚舉之外，其中更有讓
人忍不住想要拍照留念的超夯
吸睛美食。不僅外觀華麗、風
味也很出色，趕緊拍照上傳到
社群平台與他人分享吧！

a FUK COFFEE® Parks
フックコーヒーパークス

能用特別訂製的有田燒杯品嚐滴滴式手沖咖啡。原創甜點也很受歡迎。

荒戶 ▶ MAP 附錄 P.4 A-2

☎092-741-6600 休不定休 🕐8:00〜20:00 📍福岡市中央区荒戶1-4-20 🚃地鐵大濠公園站步行3分 🅿無

b DAIMYO SOFTCREAM
ダイミョウソフトクリーム

除了牛奶和季節限定口味的霜淇淋之外，還有加了龍舌蘭酒的龍舌蘭霜淇淋。

大名 ▶ MAP 附錄 P.6 B-4

☎092-791-1594 休不定休 🕐11:00〜22:00 📍福岡市中央区大名1-11-4 🚃地鐵赤坂站步行5分 🅿無

c Éclair Atelier Cecil Blue
エクレールアトリエセシルブルー

為福岡第一家閃電泡芙專賣店。從經典款到季節限定商品都有，現場隨時備有約10種口味。

藥院 ▶ MAP 附錄 P.10 A-2

☎070-5692-7099 休週一（另有不定休） 🕐11:00〜20:00（售完打烊） 📍福岡市中央区藥院2-14-25 🚃地鐵藥院大通站步行5分 🅿無

d marbre blanc
マーブルブラン

販售以Q軟餅皮為做的可麗餅和造型可愛的霜淇淋聖代等，很受歡迎的甜點店。

大名 ▶ MAP 附錄 P.6 B-4

☎092-716-3668 休無休 🕐12:30〜21:30（週五、六為〜23:30，週日、假日為〜20:30） 📍福岡市中央区大名1-11-29 🚃地鐵天神站步行10分 🅿無

e 五穀
ごこく

店內的招牌菜色為鬆軟口感的蛋包飯。也有附沙拉等的午間套餐供應至下午3點。

六本松 ▶ MAP 附錄 P.4 A-4

☎092-716-5766 休週一、第1、3週二 🕐11:00〜21:00 📍福岡市中央区六本松4-2-6MJR六本松1F 🚃地鐵六本松站即到 🅿無

f 博多炉端 魚男 FISH MAN
はかたろばたフィッシュマン

提供爐端燒等多款創作料理，食材為每天早上從市場採購而來的海鮮和糸島產蔬菜。

今泉 ▶ MAP 附錄 P.10 B-1

☎092-717-3571 休無休 🕐11:00〜22:00 📍福岡市中央区今泉1-4-23 🚃博多站搭西鐵巴士14分，今泉一丁目下車，步行5分 🅿無

以奶油、水果妝點、色彩繽紛又美麗。每一季都會推出約10種口味

Sweets

猶如藝術品般的精美裝飾♥

用湯匙劃開，蛋液隨即緩緩流出

── MENU ──

e 明太子蛋包飯
¥990

外觀飽滿看起來很誘人

以加入明太子的奶油飯為底，再鋪上由2顆蛋、莫札瑞拉起司和牛奶製成的鬆軟半熟蛋

Dish

呈階梯狀排列的生魚片

── MENU ──

f 名物！
生魚片階梯拼盤
1人份￥1,518
（2人以上起餐）

享受「居高臨下」的觀光樂趣

夜景 × 敞篷巴士

搭乘FUKUOKA OPEN TOP BUS 來趟夜間之旅

> 從沒有頂棚的2樓座位能欣賞到遼闊視野的夜景，感受與平常截然不同的觀光樂趣。

我會在車上為大家深入介紹各種福岡的情報喔

FUKUOKA OPEN TOP BUS是周遊市內觀光地區的雙層敞篷巴士。坐在高約3.2公尺的巴士上眺望幾乎觸手可及的招牌，以不同的視角欣賞街景，感覺就像是在搭乘遊樂設施般。隨車的導覽人員還會沿途介紹各個觀光景點以及內行人才知道的情報。

FUKUOKA OPEN TOP BUS
フクオカオープントップバス

繞行市內各觀光景點的觀光巴士。有周遊歷史名勝及濱海地區的2條路線，日夜合計共3種行程。起迄點為天神市役所前巴士站，售票櫃台在福岡市役所1樓。採預約制。

天神 ▶ MAP 附錄 P.7 C-3 ⓇⒼ
☎092-734-2727（九州高速巴士預約中心） 休天候不佳時 ¥1個行程1,570円 ♀福岡市中央区天神1-8-1（福岡市役所內的售票櫃台） ♨博多站搭西鐵巴士15分，アクロス福岡水鏡天満宮前下車即到 P無

╲可以從約3.2公尺的高度欣賞街景！╱

乘坐敞篷巴士眺望璀璨的美麗夜景

BEAUTIFUL

\ 也有白天的行程 /

其他行程 請看這裡

海濱百道行程
シーサイドももちコース

🕐 所需時間 60分　　☀ 日間行程

從都市高速公路飽覽沿海風光，視野景觀十分開闊的行程。一路巡訪福岡巨蛋、福岡塔等福岡濱海地區的觀光景點。

博多市區行程
はかたまちなかコース

🕐 所需時間 60分　　☀ 日間行程

繞行櫛田神社、福岡城跡、東長寺等與福岡淵源深厚的歷史景點。雖然中途無法停車駐足，但在巴士導覽員的解說下也能成為福岡在地通。

tips　　乘車時的注意事項

搭乘時不可撐傘，若遇雨天有時會發雨衣給乘客使用。車內並無廁所，中途也不會停靠休息，上車前請務必先上洗手間。

Point!　　查詢最新時刻表後再預約！

出發前請上官網或來電確認最新時刻表及出發時間，若碰到會影響行車安全的狀況也可能會停駛。預約、洽詢請聯絡九州高速巴士預約中心（📞092-734-2727）。

福岡璀璨夜景行程

書上體驗

🕐 所需時間 80分　　🌙 夜間行程

途中會行經市區名勝，前往福岡塔和巨蛋所在的百道地區欣賞夜景，接著返回天神。也可以在博多站和福岡塔下車。

\ 準備出發囉！/

20分鐘集合

上了都市高速公路後，交通標誌彷彿觸手可及般！

從不一樣的視角欣賞夜晚的街道，令人驚喜不斷

沿途若向路人揮手，也會有人揮手回應

就像搭乘雲霄飛車般，80分鐘的行程轉眼就結束了！

抵達終點

能欣賞拉花藝術的manu latte￥550（照片右），以及選用鯨魚特調的濃縮咖啡製成的美式咖啡￥510 自製超司蛋糕￥360

真非吃不可！
Special
除了原創綜合咖啡豆「鯨魚特調」外，還有販售其他約7款咖啡豆

深夜咖啡廳 × 本格咖啡

> 福岡有許多能喝到精品咖啡的深夜咖啡廳。吃完飯後來杯咖啡當作收尾就是福岡人的風格。

LOCAL's ADVICE

咖啡師
Yuta Ushijima

睡前聽到「要來杯咖啡嗎？」可別太過驚訝，福岡市內供應精品咖啡的咖啡廳很多都營業到深夜。吃完晚餐後，因為還想再多聊一下而光顧深夜咖啡廳的人也不在少數。不妨以一杯各店自豪的精品咖啡，來作為一天完美的結束吧！

為一天畫下句點

---

manucoffee 大名店

マヌコーヒーだいみょうてん

咖啡風味濃醇微甘，與牛奶搭配堪稱完美。光是咖啡就有20款以上，餐點選項也很豐富。店內還擺放了當地設計師的作品和聯名商品，是能充分刺激五感的空間。

大名 ▶MAP 附錄 P.6 B-4
☎092-732-0737 不定休
⏰9:00～0:00 福岡市中央区大名1-1-3 石井ビル1F 西鐵福岡（天神）站步行5分 P無

a 店內的藝術作品會隨時更換，照片中為藝術家「KAZ」的作品 b 自家烘焙咖啡豆100g ￥550 c 長崎縣波佐見燒的原創設計馬克杯 d 牆面顏色是以咖啡生豆為意象

香氣濃郁的濾紙手沖咖啡（￥430～）

\\這裡最//
Special

咖啡師會依客人喜
好推薦咖啡豆，悉
心沖出一杯能展現
最佳風味的咖啡

REC COFFEE
レックコーヒー

由曾在世界大賽中榮獲亞軍的咖啡師所經營的店家。除了有風味微苦的經典招牌「博多特調」、充滿季節感的「季節特調」之外，還會依時節推出6、7種以不同特色的豆子進行沖煮的咖啡。

ⓐ店內在早上和晚上8點以後客人眾多 ⓑ季節性的甜點也很受歡迎 ⓒ有2種咖啡豆可以挑選的拿鐵咖啡（￥520～）

白金 ▶ MAP 附錄 P.11 C-2
☎092-524-2280 休不定休 ⏰8:00～0:00（週六日、假日為10:00～） ♀福岡市中央区白金1-1-26 ♻西鐵藥院站步行3分 ℗無

FUK COFFEE®
フックコーヒー

採用店家的原創特調咖啡豆。除了用機器沖煮的多款拿鐵咖啡之外，還能喝到不同口味的當月咖啡。以飛機、機場為主題的拉花設計及室內裝潢都藏有玩心與巧思。

祇園町 ▶ MAP 附錄 P.8 B-2
☎092-281-7300 休無休 ⏰8:00～20:00
♀福岡市博多区祇園町6-22 1F
♻地鐵祇園站步行6分 ℗無

\\這裡最//
Special

以世界咖啡大賽
中使用的頂級咖啡
豆為顧客提供最優
質的咖啡

採用環繞咖啡師的店內座位設計

ⓐ添加了檸檬蘇打的濃縮咖啡氣泡飲（￥650）
ⓑ摩卡咖啡（￥550）
ⓒ人氣第一的甜點「博多布丁」（￥500），加一球香草冰淇淋￥100

悠閒自在地度過每一天

造訪在島上生活的貓咪

貓咪 × 離島

到相島體驗島嶼的療癒時光

在貓迷之間引爆話題的貓島・相島。來和隨心所欲的貓咪們一同嬉戲，度過悠閒緩慢的時光吧！

CAT ISLAND

從天神以北約15㎞處的新宮漁港搭船約20分鐘即可抵達的相島，是島上約有150隻貓咪生活的貓島。就連海外新聞也有報導，從日本國內外都有許多貓迷造訪。一抵達港口，到處都能遇見許多貓咪。來和自由自在生活的貓咪們悠閒地在島上散步吧！

在涼蔭下舒服地睡午覺

貓咪們都有各自的名字，非常親人

這個姿勢好像正在掃除一樣

融入島上生活的貓咪們

從新宮漁港搭乘新宮町營渡船約20分即可抵達相島。從福岡市內到漁港，可從博多站搭乘JR鹿兒島本線15分鐘到福工大前站，轉乘社區巴士10分鐘即可抵達。

前往相島的方法

新宮町營渡船　MAP 附錄 P.3 C-1

☎092-962-0238（新宮町產業振興課）　休無休（天候不住時可能會停駛）　■新宮漁港每2～3小時有1班船（一天6班，10～3月為一天5班）　¥單程480円　♦新宮町湊（新宮漁港）　♦JR福工大前站搭社區巴士相らんど線（第1路線）10分　P185輛

AINOSHIMA MAP

心驚膽顫
的斷崖絕景 → 滝段
たきのだん

岩宮神社

相島

由許多石頭
堆積而成的古墳

めがね岩

相島小学校

相島積石塚群

STAY HOUSE
楊-kashi-

島之休息站あいのしま

1F 相島觀光服務處

1F 丸山食堂

● 貓咪出沒點

● 相島漁港

相島
渡船場

相島渡船
等候室

貓咪出沒點

貓咪出沒點

新宮町鶯渡船

新宮漁港

感覺像住別墅般的
旅宿設施。 純住宿
1棟￥10,000～（最
多2人，3人以上＋
￥3,200）

zzz...

海鮮強棒麵（￥780）

生魚片定食（￥1,390）

可以一邊眺望大海，一邊享用島
上美食的人氣食堂

羊栖菜可樂餅（1個￥300）

甘王草莓刨冰
（￥300）

伴手禮區匯集了不少相島的原
創商品

丸山食堂 Food
まるやましょくどう

在這裡可以吃到用島上捕獲的新鮮海產所做成的料理，像是以
每日更換的海產做成的海鮮強棒麵，以及使用魚漿做成的可樂
餅定食等。

[相島] ▶ MAP 附錄 P.15 C-1

☎092-962-4360 休週二、三 ⏰11:00～17:00（17:00以後
為預約制）♥新宮町相島1382-2 島之休息站あいのしま1F
🚶相島渡船場步行3分

相島觀光服務處 Shop
あいのしまかんこうあんないじょ

在相島渡船等候室隔壁的觀光服務處。可以在此租借腳踏車，
也有販售羊栖菜可樂餅之類的輕食和伴手禮等。

[相島] ▶ MAP 附錄 P.15 C-1

☎092-981-3470（新宮町待客協會）休不定休 ⏰10:00～17:00
（11～2月為→16:30），輕食10:30～16:00（11～2月為→15:30）♥新
宮町相島1382-2島之休息站あいのしま1F 🚶相島渡船場步行3分

NEKO
SPOT!

防波堤附近也有
許多貓咪

可以看到貓咪們
成群嬉戲的模樣

在渡船場附近、相島漁港，以及
渡船場以南的沿海一帶和住宅
區，都有許多不怕人的貓咪。在
民宅附近與貓咪互動時，請別忘
了顧慮到居民的感受喔！

從書店衍生出的新文化

Special
6

? ? ? × 書店

充滿樂趣的福岡書店

書籍＋α並存的書店是最近的潮流。來一窺從福岡發起的書店新型態吧！

充滿魅力的選書，讓你遇見只屬於自己的那一本

↓原來如此

LOCAL's ADVICE

「BOOKS KUBRICK」的 老闆
Minoru Ooi

近年來，福岡有愈來愈多咖啡廳或藝廊設有個人書店，以及透過書籍增加人與人之間交流機會的獨特書店。下面要介紹的是讓人期待「不只是去買書，而是可以在那裡有新發現」的書店。來看看從書籍展開來的福岡書店文化吧！

BOOKS KUBRICK

ブックスキューブリック

約10000本

宛如欅樹大道的地標般的書店。在13坪的小小店裡有各種類型的書，可以發現邀你進入深奧世界、充滿個性的書籍。也會舉辦參加型的舊書市集和作家的座談會等各種讓人更親近書籍的活動，讓書籍的魅力持續展開。

赤坂 ▶ MAP 附錄 P.12 B-1
☎092-711-1180 休週一、二 ⏰11:00〜19:00
♀福岡市中央区赤坂2丁目1-12ネオグランデ赤坂1F ♒西鐵警固町巴士站即到 ℗無

也有販售麵包，可作為讀書時的小點心♡

BOOKS KUBRICK的 有趣之處在這裡！

由愛書人士企劃的書籍活動

BOOKUOKA

從10月中旬到11月中旬舉辦的書籍活動，集結了熱愛書籍的書店店員、出版社及一般大眾。在欅樹大道的店前會舉辦露天舊書市集和讀書會等各式各樣的企劃，對愛書人士來說極具魅力。

28

約2000本

深入書籍的世界
有社團活動的書店

福岡天狼院的
有趣之處在這裡！

由書店發起的
多彩多姿的「社團活動」

有互相贈送推薦書籍的讀書
會、可以向專家學習的攝影
社、電影社、英語社等各種
社團。

福岡天狼院
ふくおかてんろういん

會舉辦獨家的「社團活動」，將
書本的感想與其他人共享的書店。
店內有可以每天移動書籍、以摩
天輪為概念的書架，和能在裡面
看書的暖爐桌席位，每次造訪都
有新發現。

今泉 ▶ **MAP** 附錄 P.7 C-4

☎092-518-7435 休無休 🕛12:00～
20:00（週六日、假日為10:00～）📍
福岡市中央区今泉1-9-12 ハイツ三笠
2F 🚃西鐵福岡（天神）站步行8分
🅿無

café&books
bibliothéque 福岡天神
カフェアンドブックスビブリオテークふくおかてんじん

如店名所示，可以是咖啡廳，也
可以是書店。在展示有書籍的店
內能夠一邊品嚐甜點和義大利
麵，一邊看書，當然也能買書。

天神 ▶ **MAP** 附錄 P.6 B-3

☎092-752-7443 休不定休
🕛10:00～20:00（咖啡廳為11:00～）
📍福岡市中央区天神2-10-3 VIORO B1
🚃西鐵福岡（天神）站即到 🅿無

café & books bibliotheque 福岡天神
的有趣之處在這裡！

也有為了吃鬆餅
而來的人

鬆餅的評價很高，尤其是基
本款的莓果奶油起司鬆餅一
直擁有高人氣。季節限定的
甜點也不能錯過！

在「書店與食堂」的基礎上
傳遞書籍與藝術的資訊

約300本

本屋＆カフェ
Nautilus
ほんやアンドカフェノティリュス

身為店主的強馬利・布魯頓先生
是在母國取得書店員證照的法國
人。書架上排滿了法語原著的日
語版書籍，吧檯側也有可以一邊
喝飲料一邊閱讀的書。

谷 ▶ **MAP** 附錄 P.4 A-4

☎090-3735-8372 休週日、一
🕛11:00～19:00 📍福岡市中央区谷
1-14-2 裏・六本松2F 🚃地鐵六本松
站步行4分 🅿無

約800本

咖
啡
師
店
長
是
在
法
國
本
國
人
成
為
的

本屋＆カフェ Nautilus的
有趣之處在這裡！

由咖啡師店主所沖泡
的濃縮咖啡

提供以正統濃縮咖啡為基礎
的飲品菜單。濃縮咖啡￥
400，拿鐵咖啡￥500

P.**38**
濃郁醇厚又溫和
濃郁美味系豚骨拉麵

GOOD MEAL, GOOD TIME

The best of Fukuoka Gourmet!

便宜又好吃的福岡美食。從玄界灘的新鮮海產到亞洲料理、甘王草莓甜點等，來看看美食之都福岡的當季佳餚有哪些吧！

...and more

What's 博多水炊鍋

這是在明治後期，由某間料亭以法式清湯與中式雞湯為靈威發想而成的料理。水炊鍋使用的雞肉是來自於宮崎縣與鹿兒島縣，因此運送雞隻的列車還被稱為水炊鍋列車。

水炊鍋的品嚐方式

❶ 先喝一口湯

雞湯煮滾後，在放入其他配料前先喝一口湯。也可以依個人喜好加入佐料和鹽來享用。

❷ 品嚐雞肉

將在湯中確實熬煮、入口即化的軟嫩雞肉沾柚子醋來吃。

❸ 放入蔬菜

放入蔬菜、豆腐、雞肉丸等。待蔬菜煮熟後即可享用。

❹ 收尾

在鮮甜美味的湯汁中加入各店家提供的白飯或強棒麵、烏龍麵等進行收尾。

博多人的最愛是雞肉♥

到最後一口都好吃
幸福的水炊鍋
Mizutaki

福岡縣民在日本國內是有名的愛吃雞肉。來上一碗富含雞肉鮮甜的湯，到最後一口都幸福滿滿！

只用水和整隻雞熬煮
6小時的濃郁湯頭

水炊鍋全餐（竹）1人份／¥5500

水炊鍋全餐有附前菜、芝麻鯖魚和甜點

\整隻雞的美味一點都不浪費／
とり田 博多本店
とりでんはかたほんてん

使用地產地消的新鮮食材製作水炊鍋的名店。不使用雞骨，只嚴選九州產的全雞所製作的湯頭，雞油不混濁也無腥味，美味程度讓人不知不覺就喝光光。活用傳統工藝製作的店內裝潢和器皿，可以讓人感受到九州特有的款待文化。

店內有桌椅座和半包廂

下川端町 | MAP 附錄 P.7 D-1
☎092-272-0920 休不定休 ⏰11:30～23:00
📍福岡市博多区下川端町10-5博多麵屋番ビル1F 🚇地鐵中洲川端站步行即到 Ｐ無

＼搭配自豪的湯頭和芳香的醋醬油／
博多水たき 濱田屋
はかたみずたきはまだや

可以吃到切成大塊的赤雞肉和加有軟骨的雞絞肉

水炊鍋套餐 1人份／￥2750

將新鮮雞骨短時間熬煮而成的湯頭喝起來清爽不油膩，卻又濃縮了雞肉鮮美醇厚的滋味。吃的時候要搭配以充滿柑橘香氣及適度酸味的酸橙製作的醋醬油一同享用。

▌店屋町 ▶ MAP 附錄 P.8 A-1
☎092-283-2002 休不定休 ▌17:00〜22:00 ♀福岡市博多区店屋町3-33 ▌地鐵吳服町站步行5分 ▐無

收尾除了稀飯之外，也有麵線可以選擇

博多水炊鍋 1人份／￥2700

＼九州品牌雞的總複習／
九州の旬 博多廊
きゅうしゅうのしゅんはかたろう

水炊鍋的湯頭使用佐賀縣產易去骨的有田雞雞骨，精心熬煮超過7個小時而成，滋味濃郁。可以在午餐時段輕鬆品嚐這一點也很吸引人。也有內臟鍋和生馬肉等九州的名物料理。

▌大名 ▶ MAP 附錄 P.6 B-4
☎092-687-5656 休無休 ▌11:30〜14:00、17:30〜21:15（週日晚餐為17:00〜，週五、六晚餐為17:00〜21:45） ♀福岡市中央区大名1-1-38 SOUTH SIDE TERRACE 5F ▌西鐵福岡（天神）站步行5分 ▐無

＼究極美味的純樸水炊鍋／
博多味処 いろは
はかたあじどころいろは

販售水炊鍋與壽喜燒的老店，目前接手的是第4代。很多名人都是常客，店內掛滿了簽名板。水炊鍋使用離子水熬煮赤雞，只簡單用鹽加以調味，充分發揮地雞的鮮甜美味。

▌上川端町 ▶ MAP 附錄 P.7 D-1
☎092-281-0200 休週一 ▌18:00〜22:00（需預約） ♀福岡市博多区上川端町14-27 いろはビル ▌地鐵中洲川端站即到 ▐無

用於水炊鍋的雞肉是嚴選自鹿兒島的薩摩赤雞

地雞水炊鍋附雞絞肉 1人份／￥5170

華味鳥水炊鍋 1人份／￥3000

有工作人員會代為烹煮

＼品嚐九州產品牌雞的美味／
博多華味鳥 中洲本店
はかたはなみどりなかすほんてん

口感濃郁卻又清爽不膩的白濁湯頭，加上鮮味十足又帶有適度彈力的雞肉，可以搭配店家獨創的自製柚子醋來品嚐。

▌中洲 ▶ MAP 附錄 P.7 C-1
☎092-263-0322 休無休 ▌17:00〜24:00（週日、假日為〜22:00） ♀福岡市博多区中洲5-4-24トリゼンビル 1〜5F ▌地鐵中洲川端站步行5分 ▐無

「とり田」在KITTE博多和福岡PARCO也有開設以水炊鍋湯底製作的擔擔麵為主打商品的分店。

GOURMET

湯底
加了韓式辣醬和
辣椒的紅色湯底
香辣美味

絕對非吃不可！
最道地正宗的
內臟鍋就在這裡！
Motsunabe

基本的味噌和醬油口味雖然也
好吃，但只有在發源地福岡
才能嚐到口味更特殊的
內臟鍋。

紅色內臟鍋
.............（1人份）¥1,200
在以昆布柴魚高湯和味噌做
成的湯底中添加了辛辣風味

配料
綿密濃稠的雪白
山藥泥配上大量
的韭菜

世界食堂地球屋 住吉本店
せかいしょくどうちきゅうやすみよしほんてん

提供店主植松先生將周遊世界57國的回憶製作而成的料理。招
牌的紅色內臟鍋吃得到牛腸的美味和恰到好處的辣度，將山藥
溶入湯底後，整體的滋味會變得更為柔和。

[住吉] ▶ MAP 附錄 P.5 D-3
☎ 092-471-9575　休 週一、第2週二　⏰ 17:30～23:00
♀ 福岡市博多区住吉5-1-4　🍴 博多站步行8分　🅿 無

Korean style

配料
有高麗菜、牛
蒡、韭菜、豆
腐，配料多多

湯底
融合了4種味噌
和加有香辛料等
的藥念醬而成

もつ鍋 田しゅう
もつなべたしゅう

內臟鍋除了獨家的「田しゅう鍋」之外，還有醬
油、味噌及和風高湯，一共4種口味。內臟只用
日本產和牛的牛小腸。烹煮完成後才會端上桌，
讓顧客可以在最美味的時候享用。

[大名] ▶ MAP 附錄 P.6 B-4
☎ 092-725-5007　休 不定休　⏰ 17:00～0:00　♀ 福岡市
中央区大名1-3-6 flaps 1F　🍴 地鐵天神站步行11分
🅿 無

田しゅう鍋
.............（1人份）¥1,628
加了味噌、香辛料和大蒜，
香辣又美味。建議最後以燉
飯來收尾

博多明太子內臟鍋
.... （1人份）¥2,180
大量的明太子加上Q彈的牛腸，海鮮
高湯加上雞肉膠原蛋白的湯底超美味

湯底
以海鮮和雞肉熬
煮的湯底加上醬
油和白味噌調合
而成

配料
放上高麗菜、韭
菜、豆腐和辛子
明太子作為配料

博多 弁天堂
はかたべんてんどう

嚴選日本國產牛製作的內臟鍋放有大量牛腸，除了有醬油湯底的
「黑內臟鍋」和金味噌湯底的「金內臟鍋」之外，還有白湯湯底的
「白內臟鍋」和與「FUKUYA味之明太子」合作的「博多明太子內
臟鍋」。

大名 ▶ **MAP** 附錄 P.6 B-3

☎092-737-5823 🈭週一（逢假日則翌日休） 🕐17:00～22:00（週六、假日的11:00～
14:00也有營業，週日僅11:00～14:00營業，週一若逢假日則僅11:00～14:00營業，皆可能會有
變動） ♀福岡市中央区大名2-1-41 🚶地鐵天神站步行10分 🅿無

博多 表邸
はかたひょうてい

電視節目和女性雜誌都有介紹，特別受到女性的
歡迎。內臟鍋的湯底只有能襯托出牛腸美味的鹽
味而已，加上整鍋蓋得滿滿的高麗菜，吃起來更
為健康。

大名 ▶ **MAP** 附錄 P.6 A-3

☎092-406-5900 🈭週日 🕐17:00～23:00
♀福岡市中央区大名2-2-2 後藤ビル1F
🚶地鐵天神站步行12分 🅿無

湯底
以昆布和柴魚熬
成的和風高湯為
基底，加入數種
鹽進行調味

＼＼有大量的高麗菜／／

配料
只有牛腸、高麗
菜、豆腐和蔥而
已，沒有牛蒡和
韭菜

元祖鹽味內臟鍋
.... （1人份）¥1,800
加入黑毛和牛的牛腸和從契
約農家直送的高麗菜。2人
以上起餐

			拉麵
叉燒、蔥花、木耳	直的極細麵	★★	以古早製法熬製的湯頭，和帶有咬勁的極細麵非常對味
配料	麵條	油膩度	¥760

這種泡系湯頭 只有博多才有！

			玄瑛流拉麵
叉燒、蔥花、木耳、辣椒絲	直的中細麵	★★	豚骨的美味與自製醬油的醇厚風味非常調和
配料	麵條	油膩度	¥900

高級食材的美味 濃縮而成的奢華滋味

全日本連鎖店本地限定的味道

這就是正宗的！ 博多拉麵

Hakata Ramen

下面介紹的都是全日本知名的拉麵店。絕對不可錯過只有在本店才能品嚐的滋味！

Shin-Shin 天神本店
シンシンてんじんほんてん

不僅是當地出身的藝人博多華丸・大吉，也是許多名人會光顧的人氣店。以豬骨、雞骨、蔬菜為基底熬製的湯頭雖然看起來濃郁，喝起來卻清爽不油膩。麵條則是在博多的拉麵店中算是特別細的0.85mm極細麵。

天神 **MAP** 附錄 P.6 B-2

☎ 092-732-4006 休 無休 ⏰ 11:00～翌2:30（週日為～23:30） ♦ 福岡市中央区天神3-2-19 🚃 西鐵福岡（天神）站步行8分 Ⓟ 無

拉麵店少見的橫寫藍色看板就是標誌

麵劇場 玄瑛
めんげきじょうげんえい

廚房和客席採獨特的面對面劇場風格配置。手打的中粗麵條有適當的彈性，以鮑魚乾和干貝乾等高級食材製作的醬油湯底風味香濃醇厚。自家製的麻油香氣十足，是原創性極高的拉麵。

藥院 **MAP** 附錄 P.10 A-1

☎ 092-732-6100 休 週二（逢假日則翌日休） ⏰ 11:30～14:30、18:00～22:00（週日、假日為11:30～17:00，週一為～14:30） ♦ 福岡市中央区藥院2-16-3 🚃 地鐵藥院大通站步行3分 Ⓟ 無

能夠品嚐創業當時口味的限定拉麵

限定

一風堂 大名本店
いっぷうどうだいみょうほんてん

一風堂的1號店。大名本店限定菜色為「博多豚骨拉麵」及「博多醬油拉麵」。豚骨湯頭只使用豬骨熬製14個小時，風味純樸濃郁。醬油湯頭使用的是地方廠商的醬油。

大名 ▶**MAP**附錄 P.6 B-4
☎092-771-0880 ⊠無休 🕚11:00～21:30 ♀福岡市中央区大名1-13-14 ♨西鐵福岡（天神）站步行8分 🅿無

博多豚骨拉麵 ¥820

配料	麵條	油膩度
叉燒、蔥花、木耳	直的極細麵	★★★

只使用豬頭骨熬製的湯頭，和極細麵非常對味。自製的叉燒有五花肉和後腿肉2種

讓人想要喝光光的清爽湯頭

一蘭 天神西通り店
いちらんてんじんにしどおりてん

在日本國內外都有設立分店的名店。在這裡能品嚐到福岡限定的「釜醬汁豚骨湯拉麵」。為了讓拉麵的口感達到最美味的平衡，湯頭、叉燒和蔥花都徹底進行溫度管理。獨家調和熟成的赤紅祕製醬汁，讓拉麵風味更加富有層次。

大名 ▶**MAP**附錄 P.6 B-3
☎092-713-6631 ⊠無休 🕚10:00～翌7:00 ♀福岡市中央区大名2-1-57 ♨西鐵福岡（天神）站步行5分 🅿無

少見的以重箱 盛裝的拉麵

釜醬汁豚骨湯拉麵 ¥980

限定

配料	麵條	油膩度
叉燒、蔥花	直的極細麵	依顧客喜好而定

由專職醬汁的師傅以滷製叉燒的滷汁製成的釜醬汁就是味道的關鍵。容器為重箱型的有田燒。

湯頭使用不斷添加的「喚回」製法進行製作

博多だるま
はかただるま

每天都高朋滿座的人氣店。店內掛滿了名人的簽名板。使用嚴選麵粉從頭開始製作的自製麵條，和店家自豪的湯頭完美地融合。

渡邊通 ▶**MAP**附錄 P.7 D-4
☎092-761-1958 ⊠無休 🕚11:30～23:15 ♀福岡市中央区渡辺通1-8-25 ♨地鐵渡邊通站步行5分 🅿無

叉燒麵 ¥950

配料	麵條	油膩度
叉燒、蔥花	直的極細麵	★★★

多到快滿溢的湯汁和自製麵條，讓人一吃就停不下來！

「一蘭」的特色就在於為了讓顧客集中精神品嚐味道而採用的間隔吧檯座位。

店頭掛的不是看板，而是帶有笑臉的藍色桶子

濃郁醇厚又溫和
濃郁美味系
豚骨拉麵

Rich Taste

以濃郁泡沫引爆話題的拉麵。
來品嚐這宛如卡布奇諾奶泡般
醇厚濃郁的湯頭吧！

拉麵／￥800

拉麵界的傳奇味道，
一定不能錯過！

濃郁醇厚‼

博多元気一杯‼
はかたげんきいっぱい

「博多濃郁豚骨拉麵」的始祖。濃縮了鮮味精華的濃郁純白湯頭出乎意料地美味，是在其他店家吃不到的口味。略帶黃色的特製麵條咬勁十足，帶有獨特的口感。 店鋪位於外觀極為普通的大樓一樓裡。

吳服町 ▶ MAP 附錄 P.5 C-1
☎090-1362-4311 休不定休
🕐11:00～20:00 ♀福岡市博多区下吳服町4-31-1 SONNTAG HAKATA 1F 🚇地鐵吳服町站步行7分 P無

可以改變口味的「咖哩味加麵」￥250，只有咖哩醬則為￥150

請先從湯頭開始品嚐吧！

店內有吧檯座5席和雙人桌5桌

38

拉麵／￥７３０

富含鮮味的泡沫就是美味的祕密

博多一双　駅東本店
はかたいっそうえきひがしほんてん

從中午就開始大排長龍的人氣店。以小豬的頭骨、大腿骨、背骨等各部位依照黃金比例耗時一整天進行熬煮。精心熬成的湯頭所浮現的泡沫還被愛好家稱為「豚骨卡布奇諾」。

博多站東 ▶ MAP 附錄 P.9 D-4
☎092-472-7739　休不定休　🕐11:00～24:00
📍福岡市博多区博多駅東3-1-6　🚶JR博多站步行10分　🅿無

外皮焦香酥脆的餃子
（10顆￥400）

麵條使用的是滑溜順口的細平打麵，與湯頭非常對味

不斷追加豬頭骨和豬骨，精心調味而成的湯頭

博多 一幸舍 総本店
はかたいっこうしゃそうほんてん

被稱為「泡系拉麵」的元祖。以熟成追炊製法做成的豚骨湯頭，加上3種醬油和超過20種以上的調味料，配上調合5種海鮮而成的醬汁，讓整體風味深厚又帶有層次。

博多站前 ▶ MAP 附錄 P.9 C-3
☎092-432-1190　休無休　🕐11:00～23:30（湯頭用完即打烊），週日為～20:30　📍福岡市博多区博多駅前3-23-12光和ビル１F　🚶JR博多站步行4分　🅿無

豚骨拉麵／￥７８０

由技巧熟練的職人所製作的元祖泡系拉麵

外皮Q彈、內餡多汁的餃子
（5顆￥380）

色彩繽紛的手毬壽司非常可愛

壽司

TEMARI壽司
.... ¥1,100

附味噌湯和沙拉。搭配醬油和岩鹽等4種佐料

窗戶大而明亮、充滿開放感的店內

GOURMET

新鮮&美味！
玄界灘的
海鮮料理

可以吃到在玄界灘捕獲的上等海鮮的福岡。壽司、丼飯、生魚片等，全部都是無可挑剔的美味。

IZAKAYA New Style
イザカヤニュースタイル
有供應午餐

可以用合理價格享受近海捕獲的新鮮海產的居酒屋。料理的口味自然不在話下，能拍出網美照的器皿和擺盤也蔚為話題。週末的午餐時段一下子就客滿了，建議事先預約。

今泉 ▶ MAP 附錄 P.6 B-4 🅡
☎ 092-731-8115 🚫 週一 ⏰ 11:30～14:30、17:00～22:30 📍 福岡市中央区今泉1-17-22 i.CUBE 3F 🍴 地鐵天神站步行7分 🅿 無

竹筴魚 🈷 6～9月

當季的竹筴魚脂肪肥美，非常美味。可以做成生魚片和鹽烤等，有各種調理方法

鯖魚 🈷 6～7月

由於漁場鄰近福岡，因此可以生吃。獨特的脂肪非常美味

槍烏賊 🈷 4～8月

號稱烏賊之王，是最甘甜美味的烏賊

當季海鮮月曆

生魚片

海鮮食堂 すいか
かいせんしょくどうすいか

可以品嚐玄界灘等當地產的當季鮮魚的居酒屋。生魚片拼盤可依顧客的預算和要求製作。自製的炸魚宅餅、海鮮炒米粉、梅肉炸沙丁魚等也很推薦。

大名 ▶ 附錄 P.6 A-4 🅡
☎ 092-731-2332 🚫 週日（逢假日前日則營業）⏰ 17:30～23:00 📍 福岡市中央区大名1-10-19 🍴 地鐵赤坂站步行7分 🅿 無

生魚片
.... 1人份¥1,950

有8種生魚片的豪華拼盤。1人份就有2人份的分量，美味又過癮（種類不定）

將古民宅改建而成的店鋪

海鮮的調理手法極受好評！

田中田式 海鮮食堂 魚忠
たなかだしきかいせんしょくどううおちゅう

人氣海鮮居酒屋所營運的定食屋。除了招牌的「魚忠丼」之外，還有鯛魚茶泡飯、鐵火丼等餐點，魚貨分成早晚2次進貨，新鮮有保證。

今泉 ▶MAP附錄 P.6 B-4　Ⓡ
☎092-732-9292　休週三　🕐11:30～22:00
福岡市中央区今泉1-18-26　🚃地鐵天神站步行8分
Ⓟ無

有吧檯座位，一個人也可輕鬆入店

魚忠丼 ………… ¥2,780
海鮮丼附上每日替換的小菜、溫泉蛋和味噌湯

以價格合理的定食提供人氣居酒屋的美味

海鮮丼

歷史悠久的割烹料理店自豪的味道

鯛魚茶泡飯

2、3樓有桌椅座，3、4樓有包廂

招牌鯛魚茶泡飯
………… ¥1,210
第一碗推薦直接吃生魚片

 割烹 よし田
かっぽうよしだ

午餐時段的人龍幾乎都是為了招牌菜的鯛魚茶泡飯而來。講究鮮度、新鮮現剖的鯛魚生魚片要淋上「祕傳醬汁」來品嚐。午餐可以吃定食，晚餐則可以享用會席料理。

店屋町 ▶MAP附錄 P.8 A-1　Ⓡ
☎092-409-0703　休第1週日　🕐11:30～14:00、17:00～21:30（週六日、假日為～21:00）　🚃福岡市博多区店屋町1-16　🚃地鐵吳服町站步行3分　Ⓟ無

Fukuoka GOURMET

海鮮料理

青甘 🎣12～2月
不太有青背魚特有的腥味，脂肪肥美，口感Q彈

牡蠣 🎣11～3月
被稱為「海中牛奶」，營養價值極高，帶有甜味

真鯛 🎣6～12月
特徵是味道比較清淡。大多會做成生魚片

 河太郎 博多駅店
かわたろうはかたえきてん

源自以烏賊活造刺身而聞名的佐賀縣呼子，是本店位於中洲的老字號連鎖店。從幾乎每天會更換海水的水槽中撈起後，只花20秒就做成的烏賊生魚片透明度極高，口感Q彈有咬勁。

博多 ▶MAP附錄 P.9 C-3
☎092-260-9442　休無休　🕐11:00～13:30、16:30～21:00（烏賊售完即打烊）　🚃福岡市博多区博多駅中央街8-1 JRJP博多大樓1F　🚃博多站即到　Ⓟ無

烏賊活造刺身御膳
………… ¥3,300
除了活造刺身之外，也有附烏賊燒賣和茶碗蒸等

圍繞著水槽，充滿躍動感的吧檯座位

烏賊活造刺身

通體透明的美味

迷倒眾生

 41　「河太郎」是以佐賀縣呼子第一家推出烏賊活造刺身定食的店而聞名。

水準超越本國正宗風味！？
品嚐福岡的
亞洲料理

鄰近亞洲諸國的福岡， 也有不少亞洲料理餐廳。 請品嚐在當地學成的料理人高水準的廚藝吧！

☀

檳榔の夜
びんろうのよる

店主為了推廣在臺灣吃過的「滷肉飯」的美味而開設的店。「滷肉飯」是以滷得入味的帶皮五花肉製成，非常下飯。此外，還可以吃到多汁飽滿的水餃，以及炒青菜等使用當季蔬菜製作的臺灣菜。

好像將整個攤販直接搬來一樣，帶有屋頂的吧檯座

🈲固 ▐MAP▌ 附錄 P.12 B-1 ℝℝ

☎092-713-3531 ▫週一、第3週二 ▫17:00〜翌0:30（週六為〜翌1:30）▫福岡市中央区警固2-3-26大升ビル1F ▫博多站搭西鐵巴士20分，警固町下車，步行5分 ▫無

滷肉飯（小）¥430（大）¥650

水餃（8個）¥690

Best Match 🚩 推薦 DRINK

紹興酒

在只有少量空氣流通的陶甕裡仔細熟成，風味溫和醇厚

店內 模樣

以絢爛燈籠作為裝飾，充滿路邊風格的店內，就像實際來到了臺灣一樣

好好吃

濱丹 一碗居
りんたんいいわんきょ

可以吃到用正宗中國菜為基礎，加入香辛料或以嶄新手法烹調而成的創意料理。 入口即化的日式角煮「佐賀產糯米豬角煮黑醋排骨」是絕佳美味。

平尾　**MAP** 附錄 P.10 B-3　Ⓡ

☎092-523-1302　休週二　⏰12:00～14:00、18:00～21:00　♀福岡市中央区平尾1-13-3ジェンティーレ薬院II 1F　♀西鉄薬院站步行5分　🅿無

Best Match 推薦 **DRINK**

自然派葡萄酒
店內有許多適合搭配中國菜的紅、白酒等自然派葡萄酒

好吃

毛澤東肋排 ¥1,210

佐賀產糯米豬角煮
黑醋排骨 ¥1,296

青蔥山椒涼拌章魚、酪梨、
小黃瓜 ¥880

タイ料理 カオサン
タイりょうりカオサン

店主是個性爽朗的正宗泰國人。從打拋豬等泰北家庭料理到餐廳等級的高級料理， 提供各式不同的口味，也可依客人要求調節辣度。

薬院　**MAP** 附錄 P.10 A-1　Ⓡ

☎092-713-0093　休週二　⏰15:00～22:30（過日為～21:30）　♀福岡市中央区薬院2-16-11エステートモア薬院Joy2F　♀地鐵薬院大通站步行10分　🅿無

Best Match 推薦 **DRINK**

泰國啤酒
與加入香辛料和香草製作的泰國菜非常對味，喝起來清爽順口

泰式酸辣湯 ¥990

泰式咖哩蟹 ¥1,408

涼拌青木瓜（青木瓜沙拉）
¥1,210

店內‧模樣
幾乎沒有裝飾，只有簡單擺放木製桌椅的時尚空間

店內‧模樣
到處裝飾著泰國民族雜貨的店內，充滿了異國風情

Fukuoka
GOURMET

亞洲料理

B 牛蒡天婦羅烏龍麵 ………… ¥430

分量滿點的麵條和大塊的牛蒡天婦羅，飽足感十足

麵條	較粗
高湯	利尻昆布、柴魚片、鯖魚片、臭肉鰮乾
配料	大塊的牛蒡天婦羅

Old Style
古早味

特色是清爽的湯頭和吸飽高湯的軟粗麵。基本配料是牛蒡天婦羅、炸甜不辣和帶有甜味的肉片等。

GOURMET

你推薦哪一個？
博多烏龍麵
Udon Evolution
OLD & NEW

被稱為烏龍麵發源地的福岡「博多烏龍麵」，掀起了一股與古早味完全不同的新浪潮。快來品嚐新舊的不同吧！

金黃色的高湯

使用昆布、小魚乾、飛魚、鰹魚等，最後加上薄口醬油，做成層次豐富的高湯

人氣連鎖店

古店的味道

由於麵條很容易吸湯，因此桌上都備有追加的湯汁

為什麼會叫做 URON？

「URON」是博多腔，其實就是「UDON（烏龍麵）」。這是因為道地的博多腔會把「DA」行唸成「RA」行的關係，因此才會變成「URON」。但最近已經比較少聽到了。

A 牛蒡天婦羅烏龍麵 ………… ¥600

鮮味滿點的湯汁搭配柔軟又帶有咬勁的麵條。和帶有嚼勁的牛蒡天婦羅是絕配

麵條	較粗的7mm
高湯	羅臼昆布、柴魚片、小魚乾等
配料	口感輕盈酥脆的牛蒡天婦羅

柔軟的麵條

吸飽湯汁的麵條，吃起來又柔軟又容易有飽足感

牛蒡天婦羅

牛蒡天婦羅是人氣第一的王道配料。依店鋪而異，大小和油炸方式也不一樣

B 釜揚げ 牧のうどん 空港店

かまあげまきのうどんくうこうてん

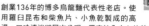

在自家工廠製成麵團後，再由各個店鋪自行擀開製作的粗麵，可以讓顧客選擇軟、中、硬等不同的硬度。在烏龍麵店裡是非常優秀的流程系統。

福岡機場周邊 ▶ MAP 附錄 P.3 C-3

☎092-621-0071 休第3週三 ▸10:00～23:00 ♀福岡市博多區東平尾2-4-30 地鐵福岡空港站車程5分 ℙ39輛

A かろのうろん

創業136年的博多烏龍麵代表性老店。使用羅臼昆布和柴魚片、小魚乾製成的高湯，口味清淡卻層次分明，帶來沁入人心的美味。

上川端町 ▶ MAP 附錄 P.8 A-2

☎092-291-6465 休週二（逢假日則翌日休）▸11:00～18:00（麵條售完即打烊）♀福岡市博多區上川端町2-1 地鐵中洲川端站步行5分 ℙ無

&MORE

吃飽喝足後，再用烏龍麵來收尾

可以喝酒的烏龍麵店＝烏龍麵居酒屋的先驅。除了有以使用雞骨熬製的水炊鍋風味高湯製作的招牌「雞湯勾芡烏龍麵」之外，下酒菜品項也很豐富。

二○加屋長介
にわかやちょうすけ

藥院 ▶ **MAP** 附錄 P.10 B-3

☎092-526-6500　休週二（週三有不定休）
🕐16:00～0:00　♀福岡市中央區藥院3-7-1　🚶地鐵藥院站步行7分
Ｐ無

New Wave
新浪潮

保有博多的特色又融合了口感十足的讚岐烏龍麵的麵條，配料也充滿創意，是前所未有的烏龍麵。

Ｃ 肉肉烏龍麵 ¥800

特色是黑色湯頭和帶有咬勁的麵條，牛五花肉和大量的薑泥意外地非常對味。

麵條	平打麵8mm
高湯	海鮮和肉類的綜合高湯
配料	牛五花肉、生薑、蔥花

配料有生薑

清爽迷人

Fukuoka
GOURMET

博多烏龍麵

「角（かど）」就是「轉角」的意思喔！「角うどん」的烏龍麵店

小知識

Ｄ 酢橘清湯烏龍麵 ¥770

充滿酢橘芳香的清爽滋味。冰冰涼涼的高湯和咕溜滑順的麵條非常對味

麵條	中粗6mm
高湯	特上羅臼昆布、海鮮
配料	酢橘

※1～5月視酢橘的進貨狀況而異，可能會有無法提供或價格調整的情況

Ｄ 釜喜利うどん
かまきりうどん

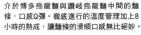

介於博多烏龍麵與讚岐烏龍麵中間的麵條，口感Q彈。徹底進行的溫度管理加上8小時的熟成，讓麵條的滑順口感無比絕妙。

大名 ▶ **MAP** 附錄 P.6 A-4

☎092-726-6163　休無休　🕐11:30～21:30　♀福岡市中央區大名1-7-8　🚶地鐵赤坂站步行6分　Ｐ無

Ｃ 元祖肉肉うどん
がんそにくにくうどん

放上特製生薑的烏龍麵，是店內的招牌菜。為了配合生薑而製作的湯頭喝起來意外地清爽，加入生薑更能整合全體風味。

上川端町 ▶ **MAP** 附錄 P.8 A-2

☎092-282-0966　休不定休　🕐11:00～23:15（週日、假日為～19:45）　♀福岡市博多區上川端町5-106　🚶地鐵中洲川端站步行7分　Ｐ無

聖一國師在宋朝時代將製粉技術帶回福岡，之後廣為流傳，在博多區的承天寺還有一塊「烏龍麵發祥之地」的石碑。

食慾大爆發！
依喜好大啖 絕品創意串燒

從必不可少的雞肉、豬肉、海鮮等豐富的菜單裡搭配蔬菜做成的創意串燒，現在正當紅。

以豬肉片包捲當季蔬菜的蔬菜串燒

除了有充滿開放感的露天吧檯座之外，也有桌椅座

健康滿點又種類豐富的蔬菜串燒

やさい巻き串屋 ねじけもん
やさいまきくしやねじけもん

招牌菜色是以豬五花肉片包捲當季蔬菜的「蔬菜串燒」。有櫛瓜和莫札瑞拉起司、小番茄等超過20種以上的品項。充滿獨創性的健康組合菜色非常受到女性的歡迎。

大名 ▶ MAP 附錄 P.6 A-3 ®
☎ 092-715-4550 休週一 ▲ 17:30～23:30（週六日、假日為16:00～）
♀ 福岡市中央区大名2-1-29 AIビルC館1F 置西鐵福岡（天神）站步行10分
P 無

將當季蔬菜和起司包捲而成的串燒，口感輕盈不油膩

Menu
萬能蔥豬肉串燒 …………………… ¥275
壽喜燒串燒 …………………………… ¥440
起司辣炒年糕培根明太子串燒 … ¥275

由蔬菜&特選肉品組合而成的創意串燒

Menu
番茄起司串燒 ………… ¥292
萵苣起司串燒 ………… ¥335
雞蛋串燒 ……………… ¥259

吃得到蔬菜超健康

博多やさい巻串屋 鳴門
はかたやさいまきぐしやなると

以包捲九州產蔬菜的蔬菜串燒為主力，其他像是豬五花、雞皮等基本品項也很豐富。由於是燒肉店所開設的餐廳，因此店裡也備齊了高品質的肉類。也有A4、A5等級的黑毛和牛燒。

上川端町 ▶ MAP 附錄 P.8 A-2 ®
☎ 092-272-2322 休無休 ▲ 11:30～14:30、17:30～翌0:15（週五六、假日前日晚間為～翌0:45）
♀ 福岡市博多区上川端町1-3 フタガミ本店川端ビル1F 置地鐵祇園站步行5分 P 無

以豬肉片包捲萵苣、番茄等蔬菜的蔬菜串燒 ¥216起

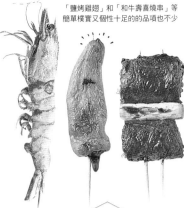

「鹽烤雞翅」和「和牛壽喜燒串」等
簡單樸實又個性十足的的品項也不少

將豐富食材組合而成的
創意串燒

燒とりの八兵衛
上人橋通り店
やきとりのはちべえしょうにんばしどおりてん

以嚴選食材灑上吟釀酒和天然鹽，
在備長炭上燒烤而成的串燒約有30
種。也有鵝肝醬和豌豆等較少用來
串燒的食材。招牌菜還有芝麻布丁
和冰淇淋等，就連甜點也讓人吃得
心滿意足。

警固 ▶ MAP 附錄 P.10 A-1 ⓖⓡ
☎092-732-5379 休週三 📅18:00～
翌0:30 📍福岡市中央区警固1-4-27
KEGOエイトビル1F 🚇地鐵藥院大通站
步行10分 🅿無

附錄 P.10 A-1

Menu
豬五花	¥220
萵苣明太子捲	¥300
烤帶骨雞腿	¥880

圍繞調理區的吧檯座

要沾上店家自製
的肉味噌和蛋黃
來享用

招牌菜的烤雞皮是
不加任何調味料，
直接烤去油脂，沾
醬後再繼續燒烤，
重複7次。外皮酥
脆焦香，甘甜雞肉
與鹹香醬汁的組合
更是一絕。

かわ屋
かわや

警固 ▶ MAP 附錄 P.12 B-1 ⓖⓡ
☎092-741-4567 休不定休
📅17:00～24:00 📍福岡市中央区警
固2-16-10 吉武ビル1F 🚇地鐵赤坂
站步行9分 🅿無

附錄 P.12 B-1

由職人親手串入、仔細燒烤而成的料理

展現職人技巧，
成品優雅又色彩豐富的串燒

LOVE

串皇
くしこう

菜單約有30種品項，包含了女性喜
歡的起司雞胸肉和香草橄欖油烤雞
翅等。使用備長炭近距離大火燒
烤，巧妙地激發出食材原本的風
味。海鮮和珍味、單點料理等也很
豐富。

藥院 ▶ MAP 附錄 P.10 A-2 ⓖⓡ
☎092-711-9446 休週日 📅18:00～
22:30 📍福岡市中央区藥院1-11-7 Ｓビ
ル1F 🚇地鐵藥院大通站步行3分 🅿無

附錄 P.10 A-2

創意串燒

Fukuoka
GOURMET

Menu
起司雞胸肉	¥280
生麩田樂	¥260
雞腿肉佐羅勒醬	¥280

煞費工夫又充滿玩心的
創意串燒¥260起

悠閒的用餐氣氛受到
各個年齡層的歡迎

這個也不能
錯過！

水餃………6顆¥330
湯餃………6顆¥385

TAKE OUT OK!

外皮酥脆焦香，內餡柔軟Q彈
出乎意料的
一口餃子
a bite of Gyoza

博多名產一口餃子。 雖然說是
一口，尺寸和外觀卻各不相同。
來看看人氣店的餃子吧！

煎餃
………7顆¥275
加入大蒜和生薑的內餡裡有豬
肉、高麗菜和韭菜

大小
約7.5cm!!

外皮薄脆香酥，再多都吃得下

餃子屋 弍ノ弍 今泉店
ぎょうざやにのにいまいずみてん

天色一暗，店頭的開放式露台就擠滿了人，濃厚
的庶民氣氛讓人聯想到中國的路邊攤販。招牌
菜是煎得香酥焦脆的一口煎餃。

今泉 ▶ MAP 附錄 P.6 B-4 ⒼⓇ
☎092-739-5022 休無休 🕐17:00～23:30 📍福岡市
中央区今泉2-4-33 エステートモア今泉1F 🚇地鐵天神
站步行15分 Ｐ無

以讓人印象深刻的鐵鍋盛裝上桌

博多祇園鉄なべ
はかたぎおんてつなべ

在圓鍋裡排得滿滿的餃子，外
皮酥脆、香氣十足。餃子皮和
柚子醋、柚子胡椒等都是店裡
自製的，豬肉、高麗菜等內餡
也堅持只用當日進貨的食材製
作而成。

祇園町 ▶ MAP 附錄 P.8 B-2 ⒼⓇ
☎092-291-0890 休週日、假日
🕐17:00～22:30 📍福岡市博多区
祇園町2-20 🚇地鐵祇園站步行3分
Ｐ無

大小
約6～7cm!!

煎餃
………8顆¥500
外皮看來焦脆，但吃起來卻非
常Q軟有彈性

這個也不能
錯過！

滷雞翅 …………¥300
馬鈴薯沙拉 ………¥520

從以前還是屋台時就
有供應鐵鍋餃子

TAKE OUT OK!

極為講究的冰花煎餃

唐津・川島的竹籠豆腐……¥550
芝麻鯖魚……………………¥1,000～

店內充滿和風品味的時尚

博多餃子
……7顆¥450
使用麩質含量不同的2種中筋麵粉所製作的獨創外皮

博多餃子 游心
はかたぎょうざゆうしん

將豬腿肉加入黑豬背脂，做成口感獨特、濃郁多汁的內餡，以發酵一晚的美味外皮包起來。在厚度5mm的特製鐵鍋裡一口氣加以煎烤，做成帶有酥脆冰花的冰花煎餃。

住吉 ▶MAP 附錄 P.8 B-4 ⓇⒸ
☎092-282-3553 休不定休
🕐17:00～23:30（週末需預約）
📍福岡市博多区住吉2-7-7 ラ・コンチェルト1F 🚃JR博多站步行15分
🅿3輛

TAKE OUT OK!

大小
約**5**cm!!

大小
約**4**cm!!

以牛肉為主角，口味清爽不油膩

煎餃
……10顆¥480
從外皮開始全部都是手工製造，最多曾經有女性吃了233顆！

テムジン大名店
テムジンだいみょうてん

一口餃子店中的老店。餡料不是使用豬肉而是牛肉，加入切碎的韭菜、生薑、洋蔥等17種配料與香辛料揉製而成，極具獨創性。一盤10顆轉眼間就吃光了。

大名 ▶MAP 附錄 P.6 B-4 ⓇⒸ
☎092-751-5870 休週二
🕐17:00～翌0:30（週六日、假日12:00～15:00也有營業，週日、假日晚間為23:30）　📍福岡市中央区大名1-11-4
🚃西鐵福岡（天神）站步行8分 🅿無

大雞翅………1隻¥350
鐵板牛腸………¥980

在福岡市內開設了6間分店

平價＆高品質！
精選定食餐廳

在講究美食的福岡，就連定食餐廳的水準也很高。下面要介紹幾家 CP 值很高的人氣餐廳。

＼可以客製化製作專屬定食／
わっぱ定食堂　天神店
わっぱていしょくどうてんじんてん

有豐富的定食和丼飯，讓人不知該如何挑選。不只是午餐時段，到深夜都享用得到。還可以自由選擇白飯、味噌湯、小分量等，可以依個人喜好客製化製作專屬定食。

今泉　▶MAP 附錄 P.7 C-4
☎092-771-8822　休週三　🕐11:30〜22:00　♀福岡市中央區今泉1-11-7　🚶西鐵福岡（天神）站步行3分
Ⓟ無

配菜自由選套餐
2種1,280円（3種1,580円）

再加￥290升級成半咖哩飯
Change OK!

再加￥330升級成豬肉味噌湯
Change OK!

再加￥420升級成肉片湯
Change OK!

可以盡情地大口吃肉吃魚

CHECK
食堂的口味可以輕鬆外帶

外帶菜單

可以將食堂的口味外帶回家的便當，除了招牌肉片湯之外，還有許多人氣定食可以選擇。

有面對窗戶的吧檯座，一個人也能輕鬆入內

有許多分量滿點的定食喔！

價格合理、種類豐富的便當。照片為絞肉便當（￥650）

這道也很推！
博多肉片湯定食（￥1,150）主食是使用高湯熬煮豬肉的招牌肉片湯

漢堡排＆
炸蝦定食
¥1,480

漢堡排＆炸蝦是
不動的人氣菜色

可以奢華地享用
超高級魚金目鯛

紅燒金目鯛定食
¥1,880

CHECK

全部都可以
免費再續

自助專區

漬物、雞蛋、佐料、咖啡等，全部都可以免費自由取用的自助吧。

色彩繽紛的手作漬物，口味也很平衡

CHECK

將熟客的
人氣配菜商品化

梅山香鬆
うめやまふりかけ

可以在店內自由取用的香鬆，由於許多熟客都表示希望能帶回家享用，因而商品化。

梅山香鬆（¥495）可以吃到爽脆的梅干和魩仔魚

TSUKEMEN!

這道也很推！

有香噴噴的炙烤梅花豬肉的「國產烤豬肉片沙拉定食」（¥1,080）。有3種醬料可以選擇。

這道也很推！

近海捕獲的新鮮鯖魚做成的芝麻鯖魚（¥830）是不可錯過的博多特產

SABA!

\種類繁多的豐富菜單讓人驚訝/
いっかく食堂
いっかくしょくどう

有許多正統的人氣菜色，像是漢堡排和南蠻炸雞等。也有可以選擇雙主菜的菜單，組合起來有超過100種以上。作為配菜的蔬菜分量十足，絕對讓人吃得滿意。

渡邊通 ▶ MAP 附錄 P.11 C-1
☎092-982-5012 休無休
⏰11:30〜15:30、17:00〜21:00
📍福岡市中央区渡辺通2-1-82 電気ビル北館B1 🚇地鐵渡邊通站即到 🅿無

位於商業大樓的地下樓層，尖峰時段常擠滿了人

\有美味魚貨的定食屋就在這裡/
梅山鉄平食堂
うめやまてっぺいしょくどう

以紅燒或燒烤等將美味發揮到最大值的熟練調理法，將在玄界灘捕獲的當季鮮魚提供顧客享用。菜單約有40至50種左右，可以用合理價格吃到在別處沒有的珍貴魚貨和高級魚種。

渡邊通 ▶ MAP 附錄 P.7 D-4
☎092-715-2344 休週三
⏰11:30〜21:30
📍福岡市中央区渡辺通3-6-1
🚇地鐵渡邊通站步行3分 🅿無

有面對廚房的吧台座和桌椅座

「わっぱ定食堂 天神店」平日限定到15時為止，有推出¥850的超值午餐。

由2層樓建築的透天厝改
裝而成。1樓為吧檯座，
2樓為桌椅座

I love SAKE!!
以九州的地方美酒&佳餚乾杯！

Kyushu Sake

外出旅行就要喝當地的美酒。
下面介紹名店的推薦美酒以及
適合搭配的佳餚。

適合搭配的
地酒是這個！

地酒與義大利菜的完美結合
伊食家KOTOBUKI
いしょくやコトブキ

主要提供義大利菜與日本酒。
日本酒除了九州產的以外，也
備齊了精選自日本全國各地的
地酒，並依顧客喜好加以推
薦。融入了日式風味、充滿藝
術感的義大利菜也頗受好評。

警固 ▶ MAP 附錄 P.10 A-1 (碼)
☎092-406-3859 休週日（若週一
逢假日則營業，改週一休）
🕐18:00～翌2:00 ♀福岡市中央区
警固1-6-10 🚌博多站搭西鐵巴士
15分，警固一丁目巴士站下車，步
行3分 Ｐ無

義式生鯛魚片佐青
紫蘇醬（￥780）
以及炙燒腰子貝佐
核桃香草蔬菜沙拉
（￥880）

味道清爽帶有濃郁香氣
的花の香（右），以及
喝得到香醇米味、風味
濃厚的独楽蔵（左）

Recommend

&

適合搭配的
地酒是這個！

以古法釀造而成的百搭型清
酒田中六五（右）以及尾韻
清爽的清泉（左）

Recommend

Tasty

烤和牛臀肉佐紅酒醒醬汁
（下）以及牡蠣與九條蔥的
烏魚子燉飯（上）各￥
1,280

\漁貨箱風格的生魚片拼盤有7種海鮮/
磯ぎよし 天神店
いさぎよしてんじんてん

在寬敞舒適的白木吧檯座前，擺著各種以玄界灘為中心、來自九州近海的生鮮漁貨。對於愛吃海鮮的人來說，實在是令人垂涎三尺。如果懷疑店主的獨到眼光，不妨點個以漁貨箱風格的木桶盛裝的7種生魚片拼盤來確認一下吧！

分量十足的「生魚片拼盤」有7種生魚片，1、2人份￥2,200。照片為2、3人份

舞鶴 ▶MAP 附錄 P.6 A-2 GR
☎092-726-6302 休週日（若週一逢假日則下個週一休）⏰17:00～23:00 📍福岡市中央区舞鶴1-9-23 エステートモアマンション1F
🚇地鐵天神站步行7分 P無

Recommend

以博多和九州為中心，每個月都會更換日本酒的種類。當月地酒一合￥880起

由古民家改裝而成的店內，除了吧檯座之外也有包廂

位於通稱為「親不孝通」的街道再走進去的小巷裡

紅燒極上對馬紅喉￥2,500起

適合搭配的地酒是這個！

九州產的黑毛和牛配上蘿蔔泥享用的「蘿蔔泥壽喜燒」一人份￥1,480・2人以上起餐

\在古民家享用優雅的創意和食/
酒膳町家 暮れ六つ
しゅぜんまちやくれむつ

可以享受古民家風情與創意料理的隱密居酒屋。徹底發揮食材風味的料理，不論口味還是洗練優雅的盛盤都是一種享受。從作為下酒良伴的小菜到鍋物料理一應俱全。

渡邊通 ▶MAP 附錄 P.11 C-1 GR
☎092-739-9898 休週日 ⏰17:00～22:00 📍福岡市中央区渡辺通2-1-23
🚇西鐵藥院站步行5分 P無

適合搭配的地酒是這個！

在古老傳承至今的大甕裡熟成的甕雫（一杯￥680）。是充滿水果風味與香氣的燒酎

&

Recommend

揭開暖簾，結交朋友

能體會福岡夜生活樂趣的屋台

Yatai

說到博多之夜就少不了屋台。一邊享用當地的美酒佳餚，一邊與爽朗的店主輕鬆交談享受博多之夜吧！

也有提供方便女性顧客享用的小份料理

博多っ子純情屋台 喜柳

はかたっこじゅんじょうやたいきりゅう

由道地的博多人店主所提供的菜色，有燉煮料理和鐵板燒等大約80種。其中，以使用太宰府天滿宮的名物梅枝餅的麵團所做的「年糕餃子」更是自豪的極品。為了方便顧客各種菜色都能多點一些，也有提供小份的料理。

天神 MAP 附錄 P.7 C-3
☎090-9721-9061 图不定休
⏰18:00～翌2:30 ⊙福岡市中央區天神1 大丸福岡天神店前
🚇西鐵福岡（天神）站即到 🅿無

感情很好的安永母子

牛舌 …… ¥1200

我們會準備美味的炭烤料理靜候光臨

牛舌要沾上以蘿蔔泥和柚子胡椒製作的特製醬汁來享用

BEEF!

火腿排 …… ¥500

明太子炒花枝 …… ¥1,000

年糕餃子 …… ¥650

Q彈外皮中包入餃子內餡，一口咬下肉汁四溢

博多豚骨拉麵 …… ¥300（小份）

店主迎先生

請來品嚐我們自豪的獨創料理吧！

明太子天婦羅 …… ¥650

博多美食卷 …… ¥700

有細麵和豚骨湯頭的基本款博多拉麵。中碗¥650

滿滿都是豚骨湯美味的拉麵

拉麵 …… ¥600

由感情很好的母子所經營

風来けん坊

ふうらいけんぼう

由開朗活潑的媽媽和第三代健太先生母子兩人合力經營的屋台，提供關東煮、鐵板燒等料理。沾上以蘿蔔泥為基底的醬汁來享用的炭烤牛舌，是很多人的必點菜色。

中洲 MAP 附錄 P.7 C-1
☎090-1979-7296 图週日、假日 ⏰18:00～翌0:30 ⊙福岡市博多區中洲5 明治安田生命ビル前 🚇地鐵中洲川端站步行3分 🅿無

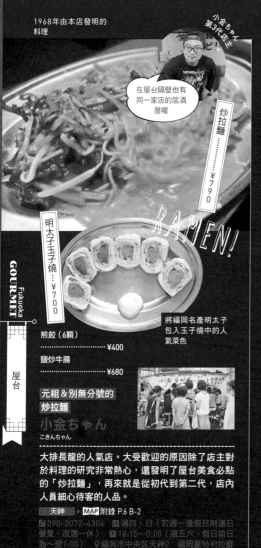

1968年由本店發明的料理

小金ちゃん
第3代店主

在屋台隔壁也有同一家店的居酒屋喔

炒拉麵 ……… ¥790

RAMEN!

明太子玉子燒 … ¥700

將福岡名產明太子包入玉子燒中的人氣菜色

煎餃（6顆） ………… ¥400

鹽炒牛腸 ………… ¥680

元祖＆別無分號的
炒拉麵

小金ちゃん

こきんちゃん

大排長龍的人氣店。大受歡迎的原因除了店主對於料理的研究非常熱心，還發明了屋台美食必點的「炒拉麵」，再來就是從初代到第二代，店內人員細心待客的人品。

天神　▶ **MAP** 附錄 P.6 B-2

☎090-3072-4304　休週四、日（若週一逢假日則週日營業，改週一休）　18:15~0:00（週五六、假日前日為~翌1:00）　福岡市中央區天神2　福岡蒙特利拉蘇瑞酒店對面　地鐵天神站步行5分　無

可以享受雞尾酒的正統酒吧

博多屋台バーえびちゃん

はかたやたいバーえびちゃん

店主會穿戴黑背心和領結，在屋台王國福岡中也是很少見的屋台酒吧。不僅有超過100種的原創雞尾酒，也可以吃到鮪魚排、關東煮等料理。

天神　▶ **MAP** 附錄 P.7 C-2

☎090-3735-4939　休不定休、天候不佳時　19:00~翌1:30　福岡市中央區天神4 日本銀行前　地鐵天神站步行5分　無

有調酒師經歷的店主海老名先生

雞尾酒 ……… ¥880~

我會依顧客喜好來調製雞尾酒喔

以蔓越莓和檸檬調製，風味清爽的「Oishii」和「Green tea fizz」

COCKTAIL!

鮪魚排 ……… ¥1,320

關東煮（10~5月） 1個¥110~

橘子果醬烤卡門貝爾起司 ……… ¥880

絕妙的搭配組合，下酒最對味

Q 想上洗手間時怎麼辦？

A 附近一般都有公共廁所。但由於也禁止需要上好幾次廁所的久坐，所以最好在離開之後再去上廁所。

Q 有哪些優惠可以利用？

A 只要出示「屋台餐券」（一張¥1,100），就可以享用一杯飲料和一道料理。合作屋台和銷售地點請上官網查詢。

Q 哪個時段比較適合？

A 21時以後，為了續攤而來屋台的人會變多，第一次來的話建議在18~21時前來。

&MORE

初次造訪屋台
HOW TO

GOURMET

酸酸甜甜的草莓之王
品嚐幸福滋味的
甘王草莓甜點
Strawberry

使用只在福岡生產的品牌草莓「甘王」所做成的甜點，品嚐幸福的時光。

What's 甘王草莓？

這是只在福岡縣生產的草莓品種。不僅個頭較大，吃起來香醇甜美，酸味的平衡也恰到好處，因此被稱為草莓之王。命名則是取「あかい鮮紅」、「まるい渾圓」、「おおきい大顆」、「うまい美味」的第一個字組合而成「あまおう甘王」。

Best Season 12月左右開始上市，產季直到5月左右為止。

╲以宵夜聖代來享用漂亮的當季水果╱
大名PARFAIT FRUITS PLANET
だいみょうパフェフルツプラネット

由蔬果專門批發商所經營的聖代專賣店。用於聖代的水果除了從契約農家直送的頂級甘王草莓之外，還有以九州為中心、精選自日本全國的當季最美味的水果。下午5點起開始營業。

大名 ▶ MAP 附錄 P.6 B-4
☎ 092-791-9723　休週三　⏰ 17:00～23:30（水果售完即打烊）　📍福岡市中央区大名1-15-7 ネオハイツ大名1F　🚇地鐵天神站步行10分　🅿無

店鋪使用玻璃帷幕，採光良好

Red

**頂級水果聖代
甘王草莓**
‥‥‥‥‥ ¥2,420
水果、冰淇淋、發泡鮮奶油以玻璃杯盛裝。冰淇淋可以從4、5種中選擇。12～5月限定販售

清見柳橙聖代
‥‥‥‥‥ ¥1,760
清見柳橙是由柳橙和蜜柑配種而成的日本第一個橘橙品種。特色是擁有柔軟的果肉

**自選冰品的
綜合水果聖代**
‥‥‥‥‥ ¥1,100
裡面有鳳梨、蘋果、奇異果、柳橙等4、5種當季水果

Delicious

56

無花果水果塔
·····································¥800

卡士達醬、覆盆莓奶油等
放在塔皮上，再以無花果
作為點綴

甘王草莓圓頂蛋糕
·····································¥800

內外都使用了大量甘王草
莓的蛋糕。1～5月限
定販售

\滿滿都是甘王草莓的犒賞聖代/
Campbell Early
キャンベル・アーリー

為了讓顧客吃到最美味的水果，會配合種類和
成熟度，依照不同季節變更菜單。 店內提供的
聖代、鬆餅、雞尾酒等絕對會讓甜食愛好者無
法招架。

博多站 ▶ MAP 附錄 P.9 C-3
☎ 092-409-6909 🏠 不定休 🕐 11:00～21:30 📍福
岡市博多区博多駅中央街1-1 AMU PLAZA博多9F 🚃
JR博多站即到 🅿 無

Round

\由蔬果店營運的水果甜點鋪/
KISSHOKA
キッショウカ

位於蔬果店2樓與3樓的咖啡廳。使用採收於土壤
含有豐富礦物質的福岡縣浮羽市和朝倉市等地的
水果來製作甜點。可以用合理的價格吃到水果
塔、聖代、蛋糕等。

天神 ▶ MAP 附錄 P.6 B-3
☎ 092-738-5152 🏠 不定休 🕐 11:00～18:00 📍福岡市中
央区天神2-8-137 🚃 地鐵天神站步行3分 🅿 無

3樓寬敞的
桌椅座

Big

奢華一點的日子裡享用的甜點
可以在想要

甘王草莓聖代公主
·····································¥1,848～

從上到下都是滿滿的甘
王草莓，與優格和店家自
製的義式冰淇淋吃起來
超對味。12～4月限定

擁有自家農園的
甘王草莓甜點專賣店

販售使用福岡縣產甘王草莓製成的
甜點。除了11月下旬到5月限定的
生きんぐ銅鑼燒（￥562）之外，草
莓糖、甘王草莓果昔等也很推薦。

伊都きんぐ天神店
いときんぐてんじんてん

今泉 ▶ MAP 附錄 P.7 C-4
☎ 092-711-1539 🏠 第2週二 🕐 11:30～19:00（週六日、
假日為10:30～） 📍 福岡市中央区今泉1-22-21 JOLISビル1・
2F 🚃 西鐵福岡（天神）站步行5分 🅿 無

位於AMU PLAZA博多9樓的
「City Dining Kooten」裡

「伊都きんぐ」還有使用甘王草莓製作的蕨餅「博多あまび」（5月底左右～11月下旬為止，期間限定）也很受歡迎。

將草莓冷凍後削成的冰

草莓義式冰淇淋

薄荷

冷凍草莓

牛奶＋煉乳的冰

酷暑中的冰涼潮流
奢華版的美味刨冰
Shaved Ice

在九州裡特別熱的福岡。 就用變化豐富、 個性十足的刨冰來清涼一下吧！

**台灣雪花冰
草莓牛奶**

¥930

牛奶與煉乳混合成冰，再與冷凍草莓刨冰混合而成

\奢華使用水果與冰淇淋的臺灣刨冰╱

china cafe
チャイナカフェ

以「中式復古」為主題，從內部裝潢到使用物品全部都是中國製。店內以常備超過15種的中國與臺灣茶飲為中心，可以吃到臺灣甜點與藥膳午餐等中華圈的各式飲品和點心。

今泉 ▶ MAP 附錄 P.6 B-4

☎ 092-737-2688 休 不定休 🕐 12:00～20:30（可能會有變動） ♀福岡市中央区今泉1-17-22 i-CUBE3F 🚌博多站搭西鐵巴士13分，天神警固神社・三越前巴士站下車，步行5分 ℗無

鮮明的藍色牆壁讓人印象深刻

SOOOOO COOOOOL!!

芒果口味的冰

芒果果肉

芒果冰淇淋

**台灣雪花冰
芒果**

¥930

濃厚的芒果冰就像雪花一樣綿密細緻。配料也是滿滿的芒果口味

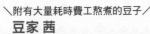

附有大量耗時費工熬煮的豆子
豆家 茜
まめやあかね

可以品嚐到使用煮豆製作的甜品。將乾燥豆子泡水半天以上，熬煮成鬆軟的豆子來使用。甜品菜單的每一道都是配合其顏色，以響亮的日本傳統色名稱來命名的。

藥院 ▶ MAP 附錄 P.10 B-3
☎ 092-515-2199　休 不定休
🕐 14:30～21:30（第1、3週六為～16:00）
📍 福岡市中央区藥院3-8-9
🚃 西鐵藥院站步行5分　P 無

甜豌豆
白花豆
金時豆
紫花豆
虎豆
黑豆
下面有寒天

長春
¥1,000

有6種煮得鬆鬆軟軟的豆子作為配料，可以品嚐到豆子各自的風味。帶有柔和甜味的糖水也是自家製的

Fukuoka GOURMET

刨冰

發泡鮮奶油
豆乳奶霜
略帶酸味的草莓醬汁
大分縣由布市產的手作黃豆粉

甘王草莓奶霜（上）
¥1,400
豆乳黃豆粉（左）
¥1,300

以純粹冰塊做成的刨冰，特色是後韻清爽。吃起來鬆軟綿密、入口即化

以純冰＆福岡縣產食材所做成的刨冰
おいしい氷屋 天神南店
おいしいこおりやてんじんみなみてん

由冰塊商直營的刨冰店。以費時費工製作的品牌冰「博多純冰」所製作的刨冰，全年都可享用。除了有福岡名產八女茶和甘王草莓之外，也有許多使用福岡、九州產食材為主的冰品。

渡邊通 ▶ MAP 附錄 P.7 C-4
☎ 092-732-7002　休 週一
🕐 11:00～18:30　📍 福岡市中央区渡辺通5-14-12 南天神ビル1F　🚃 地鐵天神南站步行3分　P 無

可以品嚐抹茶風味的日式刨冰
うめのま 抹茶のカフェー
うめのままっちゃのカフェー

提供讓顧客能更美味地享用抹茶的甜品。除了抹茶之外，也可以吃到餡蜜和刨冰等日式甜品。甜品的冰淇淋都是用白豆沙和豆乳，芋頭等100%植物性食材所製作而成的。

渡邊通 ▶ MAP 附錄 P.7 D-4
☎ 092-726-6119　休 週三　🕐 11:00～16:30　📍 福岡市中央区渡辺通3-1-16 abitare eccella 1F　🚃 地鐵渡邊通站步行5分　P 無

抹茶餡蜜刨冰
¥900

淋有大量以4杯份的抹茶濃縮而成的糖蜜。也可以再加點抹茶利口酒或煉乳淋上去

黑豆
紅豌豆
錦玉羹
豆沙球
煉乳
白玉
抹茶利口酒

GOURMET

舒適到讓人忘記喧囂
隱身都會叢林中的祕境咖啡廳

Cafe hideaway

在地點安靜、空間舒適的咖啡廳，度過可盡情放鬆的幸福咖啡時光。

宛如圖書館般的1樓座位區陳列著許多書籍。可以一邊看書，悠閒地度過

融和了日式與西式風格的高雅空間

白金茶房

しろがねさぼう

可以在充滿和風氣息的沉穩空間內悠閒度過的咖啡廳。其中又以使用嚴選素材、重現復古風味的經典鬆餅最受歡迎。此外，也可以品嚐到每週更換的鬆餅早餐和義大利麵、甜點等。

白金 ▶ MAP 附錄 P.11 C-3

092-534-2200 休 無休 8:00～16:30（週六日、假日為～17:30） 福岡市中央区白金1-11-7 西鐵藥院站步行8分 P 14輛

原創早午餐的古早味拿坡里義大利麵（￥1,100）

圓形看板就是標記

最受歡迎的經典鬆餅（單片￥770）。與原創特調咖啡非常對味

a.沙發座位區是充滿開放感的挑高空間 b.建物由1樓、夾層與2樓所構成 c.焦糖核果鬆餅（￥1,320）

建物的前身是旅館。內部隔間也像洞窟一樣，非常獨特

Relax...

沉穩家具和復古空間非常搭調

宛如古董藝品店一般

立在路邊的看板就是標記

a.塗漆斑駁又不失時尚感的大門 b.以乾燥花等作為裝飾，充滿復古風格的室內裝潢 c.從看板處彎進小巷，再往前走就到了

以用燉飯製作的米飯可樂餅為主菜的套餐（￥1,000），分量十足

季節水果塔（￥500）。當天為無花果塔

清川SALON
きよかわサロン

位於狹窄的小巷內，宛如祕密基地般的咖啡廳。殘留老派風格的建築物和復古家具與裝潢看起來極為調和。店內供應的西式料理走健康路線，以無農藥栽培的蔬菜為中心，不使用化學調味料。

清川 ▶MAP 附錄 P.11 D-2

☎092-285-3057 休週日、一 🕐11:30～14:00、18:00～22:00（週五、六為11:30～22:00） ♀福岡市中央区清川2-6-4 F.garage 1F ➡JR博多站搭西鐵巴士7分，柳橋下車，步行3分 Ⓟ無

「白金茶房」也有販售可以在家簡單調理就能做出講究鬆餅的「おうちで茶房」鬆餅糊（￥770）。

只有在福岡機場才吃得到！

the foodtimes 的獨家美食
旅途來回時的樂趣也倍增！

以木紋為基調的時尚美食區

位於日本國內線客運大樓2樓的「the foodtimes」有8間店鋪，從福岡的老店口味到不為人知的隱藏名菜，各式各樣的料理都能在此享用。位置就在離境安全檢查站（北）的隔壁，從早到晚都有營業，很適合在候機時前往。

the foodtimes
ザフードタイムズ

福岡機場 ▶ MAP 附錄 P.3 C-3
休 無休　**時** 6:00～21:00　**地** 福岡市博多区下臼井767-1 福岡機場國內線客運大樓2F　**交** 地鐵福岡空港站站即到　**P** 837輛

---

01 SPOT

在專賣店享用本店的人氣菜色
天神B.B.Quisine
てんじんビービーキュイジーヌ

以熱騰騰的鐵板盛裝義大利麵、奶油香煎牛肉等，做成招牌菜奶油燒牛肉的專賣店。也有使用瑞克雷起司製作的起司奶油飯等變化版菜色。

☎ 092-260-1631

Only One
起司奶油燒牛肉飯
¥1,340
用鐵盤盛裝人氣的瑞克雷起司和奶油香煎牛肉，搭配白飯一起享用

---

02 SPOT

由可頌專賣店所營運的咖啡廳
MIKADUKIYA CAFE
ミカヅキヤカフェ

這是「三日月屋」的招牌可頌做成料理的咖啡廳。主要販售由職人發揮精湛手藝耗時費工製作而成的手作可頌。

☎ 092-611-0333

Only One
原味可頌
¥246
三日月屋的原創可頌，外層酥脆、裡面Q彈的口感讓人欲罷不能

---

03 SPOT

能夠品嚐濃厚高湯風味的咖哩
博多カレー研究所
はかたカレーけんきゅうじょ

提供以飛魚高湯和豚骨等博多特有的高湯製作而成的咖哩。用各種香辛料與高湯融合做成的醇厚咖哩，搭配牛蒡天婦羅和烤蔥段等配菜也很對味。

☎ 092-621-1052

Only One
博多飛魚咖哩
¥920
高湯的濃厚滋味與香辛料絕妙地融合在一起，是獨一無二的咖哩

想買的都在這裡

Shopping

能感受到精湛手藝的手作商品，和
只有福岡才有的美食伴手禮等，來
選購充滿魅力的福岡製伴手禮吧！

Let's try to find
something
nice!

SOMEWARE
サムウエア
»P.65

手刷上色讓人印象深刻的
Lawny波奇包（￥2,420～）

Made in Kyushu

滿載製作者的想法與態度

Cute!

充滿溫度的九州手作雜貨

下面介紹的是販售許多九州精湛手工藝商品的店家。
一邊感受作家的堅持和個性，來找出自己喜歡的商品吧！

插畫家的
可愛雜貨
¥605～

店內也有許多由插畫家繪
製、讓人心動不已的可愛
雜貨

從簡單樸實到北歐風格，
為餐桌增添豐富性和時尚
色彩的餐具

以「讓衣服說故事」為主題製作
的服飾品牌「the last flower of
afternoon」的女性襯衫

有許多「成熟可愛」的雜貨

mille
ミル

以「成熟可愛」為主題，販售許多由日本國內外作家
所製作的飾品和包包等各種雜貨。充滿古董風格的可
愛雜貨，當作禮物也很適合。

藥院 ▶ MAP 附錄 P.10 A-1

☎ 092-717-7347　休 不定休
⏰ 11:00～20:00　♀ 福岡市中央区薬院2-13-24
🚇 地鐵藥院大通站步行5分　P 無

小石原
Pottery湯碗
¥2,750

由食物搭配師與小石原
燒8家窯場合作開發

Yen Ware
¥3,520～

由平面設計師進行設計
監修，再由熊本縣的陶
藝作家製作而成

店面位於外觀簡樸
的大樓1、2樓

融入日常生活的高品質商品

B·B·B POTTERS
スリービーポッターズ

以「享受日常生活的用品店」為主題，精選來自日本
國內外、機能性和設計性俱佳的生活雜貨。除了基本
用品以外，也有許多充滿季節感又方便使用的商品。
2樓有併設咖啡廳。

藥院 ▶ MAP 附錄 P.10 A-2
☎092-739-2080 休不定休 ▶11:00～19:00（咖啡廳為～
18:30） ♀福岡市中央区薬院1-8-1・2F ♨西鐵薬院站步行
5分 P3輛

Kira
Kira

由2位玻璃作家著重素材魅力所創立的品牌「TOUMEI」

「B·B·B POTTERS」也設有咖啡廳。

創業350年的有田燒窯場所設立的新品牌「JICON・磁今」的瓷器

讓人越用越喜歡的樸實用具

SOMEWARE
サムウエア

販售以九州為始，來自日本全國作家的手作製品，以
及從德國和非洲等國外進口的生活雜貨。一邊想像使
用者的生活所採購進來的用品，設計大多較為簡單樸
實，以便能長久使用。

藥院 ▶ MAP 附錄 P.10 A-2
☎092-713-4565 休週三（週六、日有不定休） ▶12:00～
17:00（週六、日需確認） ♀福岡市中央区薬院1-12-19 ロマネ
スク薬院第2 103 ♨西鐵薬院站步行5分 P無

自然的木質風格
非常good！

紅淡比木匙
¥1,300

特意保留紅淡比樹皮的
設計，不論是西式還是
日式風格都能完美融合

德國公司
「KOSTKAMM」
的製品

「KOSTKAMM」
髮飾品
¥2,600～

以水牛角製成的髮飾品
質地溫潤，觸感舒適

店內會不定期舉辦企劃展

Good Design

NEW TRADITIONAL

兼具設計性＆實用性！

嶄新面貌的博多傳統工藝

從發源自博多的工藝品到地方作家的作品，持續不斷進化的福岡傳統工藝。
以下節選的都是誕生於福岡的用品，最適合作為當地伴手禮。

C 博多織的袱紗與祝儀袋

B 裝飾有獻上柄織紋的博多織名片夾

Cute ☆☆

洗練精緻的簡樸設計

A

設計充滿現代感的久留米絣

E

圖片為中型波奇包

兼具設計性＋實用性的

雜貨

精選從日常就能使用的日用品，到想要在生活中使用的高質感小物。

迷你的小尺寸！

D

纖細的日式織紋非常漂亮

兼具機能性的設計性＆米箱

H

G 有田燒的可愛豆皿

COLORFUL

F 充滿日式風格的博多織口金包

HAKATA JAPAN **C** **N**

ハカタジャパン

下川端町 ▶ MAP 附錄 P.7 D-1

☎092-263-1112 🏠無休 🕙10:30～19:30 ♀福岡市博多區下川端町3-1 博多河岸城B2 🚉地鐵中洲川端站即到 🅿950輛

筑前織物 **D**

ちくぜんおりもの

博多站東 ▶ MAP 附錄 P.9 D-4

☎092-431-7721 🏠週六日、假日 🕙10:00～17:00 ♀福岡市博多區博多駅東2-6-24 🚉JR博多站步行7分 🅿無

ぶどうのたね 博多 **A** **K**

ぶどうのたねはかた

下川端町 ▶ MAP 附錄 P.7 D-1

☎092-292-6380 🏠無休 🕙10:30～19:30 ♀福岡市博多區下川端町3-1 博多河岸城1F 🚉地鐵中洲川端站即到 🅿950輛

wa lavie & le lien 博多マルイ店 **E** **F**

わらびルリアンはかたマルイてん

博多站 ▶ MAP 附錄 P.9 C-3

☎092-577-1771 🏠6月第3週二 🕙10:00～21:00 ♀福岡市博多區博多駅中央街9-1 博多丸井4F 🚉JR博多站即到 🅿無

A 焗烤盤（大）¥5,500，單柄鍋（小）¥1,980／福岡縣的陶藝家小橋隆之先生的作品 **B** 名片夾¥1,320／以通常用來作為腰帶的博多織製成 **C** 金封袱紗¥4,950，博多金封¥495／擁有780年歷史的博多織的金封袱紗與祝儀袋 **D** 貝殼形零錢包 各¥1,320／擁有各種博多織圖案的迷你波奇包 **E** 牛奶糖波奇包¥990／尺寸有大、中、小 **F** 口金包¥2,860／以觸感良好的博多織做成的口金包 **G** 豆皿 各款¥1,430／「amabro」監製的豆皿 **H** 「kirihaco project」（1kg用，附1合量米杯）¥6,270／老字號的桐箱店「增田桐箱店」的米箱

充滿玩心的玻璃
作品

和
風
杯
墊

J

福岡的名勝和特產
變成扁平彈珠了

I

K

以博多祭典為意象

M

賞玩博多
味十足的

工藝品

歷史悠久、 進化至今的工藝
品，可以從中感受到日本精
神與博多特有的個性。

J

可愛幽默的
鄉土玩具

L

明太子嘴唇滑稽又可愛

面具是「仁和加」

裡面有御神籤

嘴唇是明太子

O

比日本搶先一步
在紐約先出道

博多織製成的泰迪
熊

N

福岡生活道具店 G H
ふくおかせいかつどうぐてん

藥院 ▶ MAP 附錄 P.10 A-2

☎092-688-8213 休週一、不定休 ⏰10:00~
19:00 ♀福岡市中央区藥院4-8-30 P&R藥院ビ
ル2F 🚇地鐵藥院大通站即到 Ｐ無

中川政七商店 福岡パルコ店 O
なかがわまさしちしょうてんふくおかパルコてん

天神 ▶ MAP 附錄 P.6 B-2

☎092-235-7443 休不定休 ⏰10:00~
20:30 ♀福岡市中央区天神2-11-1 福岡
PARCO新館B1 🚇地鐵天神站即到
Ｐ無

「博多町家」ふるさと館 B I J L
はかたまちやふるさとかん

冷泉町 ▶ MAP 附錄 P.8 A-2

☎092-281-7761 休第4週一（逢假日則翌平日
休） ⏰10:00~17:30 ♀福岡市博多区冷泉町
6-10 🚇地鐵祇園站步行5分 Ｐ無

增屋 M
ますや

上川端町 ▶ MAP 附錄 P.8 A-2

☎092-281-0083 休不定休
⏰10:00~19:00 ♀福岡市博多区上川端町
6-138 🚇地鐵中洲川端站步行3分 Ｐ50輛

I 懷舊扁平彈珠￥660／上面有拉麵
和福岡塔等福岡味十足的插圖 **J** 杯
墊 各￥770／將杉木或檜木木板加熱
彎曲而成的「博多曲物」 **K** 動物擺
設品 各￥5,500~／福岡的玻璃作家盛
國泉女士的作品 **L** 男性不倒翁6號
￥3,050～／使用金粉，色彩鮮艷的不
倒翁 **M** 祭典人偶￥1,980／以「博多
祇園山笠」為主題的博多人偶 **N** 獻
上熊￥13,200／以傳統的博多獻上織
做成的布偶 **O** 仁和加明太子達摩御
神籤￥495／豐厚的嘴唇是辛子明太
子，紅色面具是源自於傳統藝能「博
多仁和加」。撕開底部的貼紙後，就能
看到裡面的御神籤

在「博多町家」ふるさと館裡，可以參觀傳統工藝的現場表演、體驗彩繪、製作，以及參觀博多織的現場表演和體驗手織等。

Local Snack

發現福岡限定的可愛零食

通通買回家！超可愛的零食

從方便的個別包裝到討喜的甘王草莓伴手禮。
外觀也超級可愛的博多銘菓大集合。

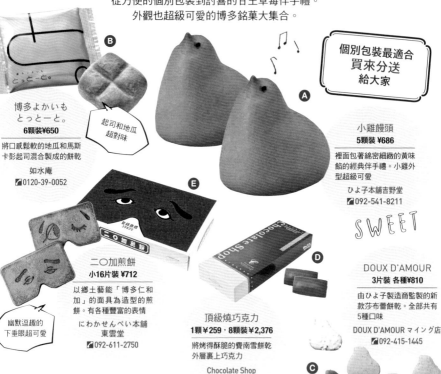

個別包裝最適合
買來分送
給大家

B

博多よかいも
とっとーと。
6顆裝¥650
將口感鬆軟的地瓜和馬斯
卡彭起司混合製成的餅乾
如水庵
☎0120-39-0052

起司和地瓜
超對味

A

小雞饅頭
5顆裝 ¥686
裡面包著綿密細緻的黃味
餡的經典伴手禮。小雞外
型超級可愛
ひよ子本舖吉野堂
☎092-541-8211

SWEET

E

二〇加煎餅
小16片裝 ¥712
以鄉土藝能「博多仁和
加」的面具為造型的煎
餅。有各種豐富的表情
にわかせんぺい本舖
東雲堂
☎092-611-2750

幽默逗趣的
下垂眼超可愛

D

頂級燒巧克力
1顆¥259，8顆裝¥2,376
將烤得酥脆的費南雪餅乾
外層裹上巧克力
Chocolate Shop
☎092-281-1826

DOUX D'AMOUR
3片裝 各種¥810
由ひよ子製造商監製的新
款莎布蕾餅乾。全部共有
5種口味
DOUX D'AMOUR マイング店
☎092-415-1445

C

G

雪兔
10顆裝¥1,080
有著紅色眼睛和可愛外型的
博多銘菓。以棉花糖包裹白
豆沙餡，散發香甜氣息
風月
☎0120-33-8671

F

すず籠 鈴乃最中
10顆裝¥1,566
鈴鐺造型的可愛迷你最中
餅。裝入高雅的竹籠裡，
最適合當作伴手禮
鈴懸
☎092-291-2867

※刊載商品的價格、規格、內容物等可能會依販賣地點而異。

\\ 要買福岡伴手禮 //

這裡就能GET

超可愛的零食

種類齊全的伴手禮點心

博多DEITOS Ⓐ Ⓑ Ⓕ Ⓖ Ⓗ Ⓙ Ⓘ Ⓚ

はかたデイトス

博多站 ▶ **MAP** 附錄 P.9 C-3

☎092-451-2561（AMU EST·DEITOS客服中心） 休無休 ◉視店鋪而異 ◉福岡市博多區博多駅中央街1-1 ◉直通博多站 ◉有合作停車場

博多站內九州最大的伴手禮賣場

マイング Ⓐ Ⓑ Ⓒ Ⓔ Ⓖ Ⓘ Ⓚ Ⓜ

博多站 ▶ **MAP** 附錄 P.9 C-2

☎092-431-1125（マイング諮詢中心） 休無休 ◉9:00～21:00（マイング横丁為7:00～23:00） ◉福岡市博多區博多駅中央街1-1 ◉直通博多站 ◉無

集結了許多個性十足的專賣店的購物中心

AMU PLAZA博多 Ⓓ

アミュプラザはかた

博多站 ▶ **MAP** 附錄 P.9 C-3

☎092-431-8484（AMU PLAZA博多諮詢中心） 休不定休 ◉10:00～20:00（餐廳樓層為11:00～22:00，最遲至0:00） ◉福岡市博多區博多駅中央街1-1 ◉直通博多站 ◉有合作停車場

有許多這裡才買得到的限定伴手禮

博多阪急 Ⓐ Ⓔ Ⓘ Ⓛ

はかたはんきゅう

博多站 ▶ **MAP** 附錄 P.9 C-3

☎092-461-1381 休無休 ◉10:00～20:00 ◉福岡市博多區博多駅中央街1-1 ◉博多站步行即到 ◉有合作停車場

福岡具代表性的老字號百貨公司

岩田屋本店 Ⓐ Ⓔ Ⓕ

いわたやほんてん

天神 ▶ **MAP** 附錄 P.6 B-3

☎092-721-1111 休不定休 ◉10:00～20:00（新館7F的餐廳街為11:00～22:00） ◉福岡市中央區天神2-5-35 ◉西鐵福岡（天神）站步行5分 ◉有合作停車場

「THE福岡伴手禮」種類齊全的空中玄關口

福岡機場 Ⓐ Ⓑ Ⓔ Ⓖ Ⓗ Ⓘ Ⓙ Ⓚ Ⓜ

ふくおかくうこう

福岡機場 ▶ **MAP** 附錄 P.3 C-3

☎092-621-6059（國內線諮詢中心） 休無休 ◉6:00～21:00（視店鋪而異） ◉福岡市博多區下臼井 ◉直通地鐵福岡空港站 ◉837輛

甘王草莓夾心卡士達蛋糕
1個¥355

口感輕盈的蛋糕夾著甘王草莓奶油餡和卡士達醬。以冷凍販售

I LOVE CUSTARD NEUFNEUF
博多DEITOS店
☎092-473-2942

色彩粉嫩夢幻♥
甘王草莓伴手禮

Lovely

從2013年發售至今都是最受歡迎的熱賣商品！

飄散著草莓的香甜氣息

博多派王
16片裝¥1,080

超熱賣的福岡伴手禮。甘王草莓纖細的風味和酥脆口感讓人欲罷不能

伊都きんぐ 天神店
☎092-711-1539

莓果多多卡士達蛋糕
¥2,160

博多甘王草莓糊製成慕斯，裡面夾有卡士達奶油餡的蛋糕。以冷凍販售

I LOVE CUSTARD NEUFNEUF
博多DEITOS店
☎092-473-2942

博多年輪蛋糕棒綜合口味
20支裝各¥1,080

將年輪蛋糕切成棒狀後烘烤而成的餅乾。有原味和博多甘王草莓口味的綜合包

二鶴堂
☎0120-565-634

想吃就吃！輕鬆享用的零食系

大人小孩都喜歡的Happy Turn進化版

HAPPY Turn's
10片裝¥573

酥脆米菓裹上大量的各種口味粉末。明太子奶油為博多限定口味

HAPPY Turn's
☎092-419-5962

HAPPY

鮮豔豐富♪

くるりくるり九州
15支裝¥1,080

使用甘王草莓和八女茶等九州產的食材製作，共有6種口味的捲心酥

摩洛索夫客服中心
☎078-822-5533

「東雲堂」的二〇加煎餅也有和人氣角色「哆啦A夢」合作的版本。

Tasty Gift

外觀與美味兼具！
進化型明太子伴手禮

博多伴手禮的王道明太子。
不只超下飯，還有各種變化種類喔！

只有在發源地
才有這麼多
種類喔♡

想吃多少就用多少！

FUWA FUWA

可以隨時隨地
輕鬆地享用
零食系

C 條狀的味之明太子

博多
さくふわり

E 可以享受辛辣與顆粒
口感

和人氣麵包店
進行口味的研究
＆開發

D 博多的麵包系列明太子醬

享受明太子
風味的
調味料

YUMMMMMMY!!

A 在口中擴散的明太子風味

明太子仙貝是博多伴手禮的經典 **B**

A「YAMAYA」的博多酥脆米菓5袋裝¥756／蝦子和微辣的辛子明太子
非常對味，口感鬆脆的米菓　**B**「福太郎」的明太子仙貝（2片×8袋裝）
¥540／可以享受酥脆口感與海鮮的鮮美風味　**C**「FUKUYA味之明太子」
的油漬明太子隨手包¥1,296／生鮮明太子油漬加熱而成。條狀的個別包裝
方便攜帶　**D**「YAMAYA」的軟管明太子醬 各¥756／除了有明太法式麵包
味之外，還有奶油奶酪味明太子和蜂蜜奶酪味明太子　**E**「島本」的明太
子美乃滋115g¥460、柚子胡椒明太子美乃滋115g¥490／含有20%明太子
的美乃滋

※販售商品的種類可能會依店鋪而異。

G 一次就能吃完的小盒包裝

有辣味、七味、鮮味、柚子、昆布漬等5種口味

F

在海鮮裡加入明太子

F「島本」的花枝明太子160g￥1,460、鮭魚明太子120g
￥1,240／原創明太子加入生魚片用的花枝中，做成花枝
明太子。使用北海道產的鮭魚製作的鮭魚明太子，口味
溫和　**G**「椒房庵」的小盒飛魚高湯明太子各￥380／以
鮮味十足的昆布高湯為基底，口味清淡　**H**「うまか」
的明太子玉手箱各￥290～／有羅勒橄欖油、起司等大
約18種口味　**I**「福太郎」的THE MENTAI 各￥570～
／除了中辣之外還有花枝、甜蝦等總共12種品項　**J**
「YAMAYA」的軟管明太子醬各￥756／輕輕一擠就能輕
鬆享用的軟管型明太子醬。「博多的米飯」系列有辛子明
太子和梅子昆布明太子口味　**K**「福太郎」的明太子香
鬆56g￥399／隨手一灑就能享受明太子滋味的顆粒型香
鬆　**L**「FUKUYA味之明太子」的明太子海苔醬￥540
／使用5種海味做成的海苔佃煮，吃得到到明太子的辣味
M「FUKUYA味之明太子」的油漬明太子罐頭￥756／明太子
之味的明太子融入棉籽油中，保留了基底的辛辣味，吃起來卻
又溫和醇厚

H 一次就能吃完的特殊口味

Hot!

讓人再添
一碗飯的♡
**美味
飯友**

只要灑在喜歡的料理上即可

K

L

超下飯的海苔佃煮

I 充滿高級感的瓶裝
明太子

Give me Rice!

M 特殊的油漬明太子

缶明太子 油漬け

J 只要擠出來就能輕鬆使用

辛子明太子是源自於韓國的醃辣鱈魚子。之後由「FUKUYA味之明太子」的創業者加以改良而成為現在的明太子。

Kaku-uchi

在車站內的酒商享受立飲樂趣♪
九州的精選酒款

能買到九州各式美酒的「住吉酒販」。
建議不妨先從立飲開始輕鬆地試喝看看吧！

3. 可以裝入2瓶4合瓶的紙袋。堅固耐用，最適合作為贈禮 4. 也有販售九州各地的食品。油豆腐（右）¥533及柴魚片（左）¥748

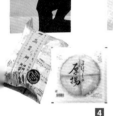

cheers!

掛有水引繩的酒都可以試喝

1. 每天會更換4種日本酒，可以用喜歡的酒杯試喝比較 2. 也有販售稱為來賓酒的非九州產的酒。每2、3天就會更換酒款

九州的飲酒文化

九州以北部為中心，主要是釀造清酒；南部則多是釀造燒酎。在九州北部喝燒酎時，基本上會摻熱水。之前先加水兌到喜愛的度數，飲用前再加熱的喝法，據說也是九州特有的喝法。

氣泡酒	利口酒	日本酒
都農Wine Campbell Early 粉紅氣泡酒	**OSUZU GIN**	**ulala**
750㎖ ¥1,870	700㎖ ¥4,400	720㎖ ¥3,410

像現摘草莓般的新鮮果香，與華麗又溫和的甜味瀰漫開來，呈現出絕妙的風味。滑順的氣泡營造出清爽的後韻
口感 稍甜
酒精濃度 10%

位於宮崎縣的尾鈴山蒸餾所所製造的最高級精品琴酒。特色是讓人聯想到大地香水的香氣
口感 清爽
酒精濃度 45%

住吉酒販原創的日本酒。將福岡生產的酒米「夢一獻」的優點發揮到最大值，呈現適度的旨味與後韻
口感 偏甜
酒精濃度 15%

在「住吉酒販」就能買到

KYUSHU

推薦酒款

※刊載商品的最新備貨狀況請向店家進行確認

有可以試喝的立飲區

往裡面走還有…

日本酒、啤酒、葡萄酒…etc.
全都一應俱全

在立飲區可以一邊飲酒，一邊和對酒知之甚詳的工作人員聊天

WAI ☆* WAI

料理價格是用花牌的張數來設定。1張¥330，依照使用張數來計算

依時期而異，店內備齊有300種以上的日本酒、燒酎、啤酒、葡萄酒等各種酒類。上面也各自清楚標明了酒精濃度和口感等。

「三原豆腐店」的油豆腐。店內供應的菜色也有販售

九州豐富多樣的美酒都在這裡

住吉酒販的光顧法

也有販售高質感的器皿和少見的加工品

COOL

住吉酒販
すみよししゅはん

店內所販售的都是精選自九州生產的酒。立飲區所提供的酒、料理和食器也都有販售。也可以聽酒商工作人員講解內行人才知道的關於酒的特色和適合的料理等。

可以用唐津燒「隆太窯」**》**P.128的中里太龜先生手作的酒杯來飲酒。也有成套的小酒盅和盤子等，可以一併購買。

博多站 **MAP**附錄 P.9 C-3
☎092-473-7941 **休**無休 **🕐**8:00～21:00
（內用為～20:00）**📍**福岡市博多區博多站
DEITOS 1F **🍴**博多站內 **P**無

可以嚐到將酸橙整顆現榨般的爽快感「純正橙醋」（250mL ¥680）。住吉酒販限定商品

梅酒	燒酎	啤酒	葡萄酒
庭のうぐいす鶯とろ	**水鏡**	**太陽のラガー**	**都農Wine Campbell Early Estate Rose**
720㎖ ¥1,738	720㎖ ¥3,410	330㎖ ¥575	750㎖ ¥1,760

上等青梅以酒粕醃漬、重複熟成後再加入梅子果泥。青梅的清爽香氣與濃稠質地非常調和

口感 濃郁
酒精濃度 12%

使用被稱為黃麴的日本酒的酒麴，容易入口。帶有甘甜的水果味。如同水面般的包裝設計也很漂亮

口感 果香
酒精濃度 25%

以德國傳統釀造法製成的啤酒。清爽凜冽的風味和鮮明的果香氣息讓美味更加出色

口感 清爽
酒精濃度 5%

只使用優質的果汁低溫發酵而成，特色是帶有如草莓般的甜美香氣。建議冰涼後飲用，更能享受清新口感

口感 稍甜
酒精濃度 9%

在立飲區消費時，只要拿到當月的中獎花牌就能免費獲贈一杯酒。

Sweet

Kyushu Taste

把甜～祕密帶回家吧♪

九州的醬油與個性派調味料

以九州主流的甜醬油為始，充滿在地風格的獨特調味料。
從經典款到特殊款，在自家享受個性豐富的九州之味吧！

淋上後雞蛋的
甜味會倍增！

經典款

上久醬油
ジョーキュウしょうゆ　☎0120-345-556

生醬油博多紫
200㎖￥400

用九州產的大豆與小麥釀
造，再以米麴增添甜味的
醬油。密封瓶裝，可以控
制在只用一滴

這裡買
得到　**D** **E**

博多
大名本造醬油
360㎖￥702、
900㎖￥1,490

以木桶再熟成的醬油，
特色是溫潤豐醇的香氣
與濃稠質地，能夠襯托
出食材的風味

這裡買
得到　**D** **E**

はかたまごはん
100㎖￥368

能巧妙地引發雞蛋甜味
的溫和甘口高湯醬油。
小小一罐，包裝也很可
愛討喜

這裡買
得到　**D** **E** **F**　※福岡機場只有成套販售

竹重醬油　☎092-526-9682
タケシゲしょうゆ
※所有商品都有在博多銘品藏（博多站中央通道）販售

九州きき醬油組
100㎖×5種￥1,728

有福岡風、長崎風、熊本大分風等，九州
各地的濃口醬油一應俱全的迷你瓶套組

這裡買
得到　**F**

甘甜濃稠
的濃郁風味

醬油
Soy Sauce

加有大量砂糖的醬油，對
於喜歡偏甜料理的九州
人來說是不可或
缺的。

特殊款

福萬醬油　☎092-718-0588
ふくまんしょうゆ

這裡買
得到　**D**

**鹽分0%釀造醬油
SOY-ZERO噴霧**
80㎖￥864

只有原料小麥與大豆所
含的礦物質成分，而將
鹽分控制在0（0.3%以
內）的劃時代醬油。一
瓶可以噴800次

簡單一噴就能
使用的噴霧型

元祖噴霧醬油
80㎖￥540

按一下可以噴出0.1mL
的噴霧式醬油。不僅減
鹽＆環保，還能聞到醬
油的香氣

**義式冷盤醬油
含羅勒油**
150㎖￥750

含有羅勒油的洋風醬
油。淋在生魚片上就能
輕鬆做出義式冷盤風味

中丸醬油　☎0940-62-0003
ナカマルしょうゆ

這裡買
得到　**A** **D** **F**

**麵包用醬油
含蘋果汁**
150㎖￥450

含有蘋果汁，可以淋在
麵包上的醬油。也可以
搭配冰淇淋、年糕和優
格享用

淋在麵包上，
味道就像醬油糰
子一樣！？

好濃稠

74

茅乃舍
かやのや
☎0120-84-4000
這裡買得到 **A E**

圓相高湯三款套組
5袋裝×3種 ¥1,512

3種熱賣的茅乃舍高湯，以鮮美的烤飛魚、臭肉鰮等日本產食材製作而成

和風醃漬醬料
300㎖ ¥756

在純米醋中加入昆布高湯和鰹魚醬，做成帶有鮮味的甘醋。輕鬆就能做出口味清爽的泡菜

> 搭配新鮮蔬菜輕鬆解決蔬菜攝取不足的煩惱！

> 各式料理都能使用的萬能調味料

提味的關鍵就在這裡
調味料
Seasoning

做出正統九州口味的祕密就在這裡！當作伴手禮也一定會大受歡迎。

misoya no kitchen dipmiso
150g各 ¥540

可以塗在麵包和餅乾上的沾醬型味噌。口味有濃醇番茄和雞肉牛蒡等8種

蛭子屋
えびすや
☎0948-92-1134
這裡買得到 **A C F**

時蔬色拉調味汁
100㎖ ¥450

使用番茄、生薑、香菇等總共12種北九州產蔬菜所製造的沙拉醬。配合不同蔬菜，也有和風和義式風味等可以選擇

五嶋醬油
ごとうしょうゆ
☎093-671-1171
這裡買得到 **C**

橙汁醋醬油
100㎖ ¥450

將新鮮果汁與九州醬油混合合成。有柚子、酸橘、辣味橙汁醋等共4種

這裡買得到 **C D**

> 也很推薦搭配火鍋享用！

YUZUSCO系列
各 ¥540

將九州名產柚子胡椒液體化的商品。有基本口味和加生薑的口味

高橋商店
たかはししょうてん
☎0944-73-6271
這裡買得到 **A B E F**

販售 SHOP DATA

A 博多DEITOS
はかたデイトス
▶▶P.69

B マイング
▶▶P.69

C AMU PLAZA博多
アミュプラザはかた
▶▶P.69

D 博多阪急
はかたはんきゅう
▶▶P.69

E 岩田屋本店
いわたやほんてん
▶▶P.69

F 福岡機場
ふくおかくうこう
▶▶P.69

中丸醬油除了這裡介紹的醬油之外，還有義大利麵醬油和起司醬油等許多特殊的醬油。

COLUMN
Underground mall

宛如歐洲般的空間

到天神地下街散步
前往復古的歐風地下街

以19世紀的歐洲為藍本建設的全長590m的天神地下街。在以鐵、磚、石為基礎打造的通道上，約有150間店鋪，來此逛街吃飯的人潮絡繹不絕。不妨從彩繪玻璃、機械時鐘、蔓藤花紋圖案的天花板等充滿異國風情的設計風格中，找出隱藏的福岡本色吧！

復古的彩繪玻璃

隨處可見的彩繪玻璃。也有以福岡市花「芙蓉」和「茶梅」為主題的彩繪玻璃

西6番

找到指標就能前往聯絡通道囉！

以歐洲野牛（水牛）為標誌主題

全部共有4間廁所，全都配合通道採用了與之協調的歐風設計。也設有華麗的補妝間

Blitz STUDIO 石井紀久

// 飯店等級的廁所 \\

**機械時鐘
歐洲夢**

每隔30分鐘就會演奏香頌名曲〈老小女孩〉。也獲選為「我們想要保護的福岡音景」之一

天神地下街
てんじんちかがい

天神 ▶ MAP 附錄 P.7 C-3
☎092-711-1903 🏠2、8月各休1日 🕐10:00～20:00（餐飲店為～21:00）※部分店鋪除外
♀福岡市中央区天神2 地下1～3號 🚃直通地鐵天神站、天神南站 🅿410輛

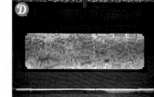

// 夢幻十足的燈光秀「Relief」\\

設置在磚石廣場上的紀念碑。這塊鐵鑄的藝術品描繪了巴黎的街景，並有光效展示

能夠邂逅新發現的旅程

Discovery

藝術、水族館、私房小店。前往能留下旅途回憶、讓人擁有新發現的景點。實際體會只有在這裡才能感受到的魅力吧！

海洋世界海之中道
マリンワールドうみのなかみち
»P.90

旺進鋪店以前的菸草、中分分販售處訓

潛入復古的改建大樓！
造訪冷泉莊的私房小店

有個性十足的手作商店進駐的老舊大樓「冷泉莊」。
來一窺宛如工作室般的店內吧！

> 除了鞋子之外，
> 店內也有許多
> 皮製品

可以挑選喜歡的皮革顏色訂製
嬰兒鞋￥8,500〜13,000

B54	B55
B44	B45
B34	B35
B24	B25

B棟1F（B14・B15）

B24

Genre　訂製鞋、製鞋教室

可以訂製自己專屬的手工鞋

shoe lab noppo
シューラボノッポ

除了可以購買配合自己腳形的訂
製鞋之外，也可以自己做鞋子和
鑰匙包等皮革製品。訂製鞋約需
來店12次左右即可完成。

☎ 070-8495-2716　休 週三
🕐 11:00〜19:00

生火腿切達起司萵苣貝
果三明治（￥570）

A11

Genre　貝果專賣店

可以製作鑰匙包和票卡
套的體驗課程為￥4,500

在復古空間享用現烤貝果

RILL BAGEL
リルベーグル

從小小的入口進入後，映入眼簾的是陳列了古董家
具的沉穩空間。使用九州產小麥和天然酵母，不使
用砂糖、雞蛋、乳製品製作的貝果，每天現烤約有
8種口味。

☎ 080-8749-6301　休 週二
🕐 9:00〜17:00（售完打烊）

可以在此鑑賞比佐女士的作品

Genre 日本畫工作室、教室

atelier horn

以天然畫材描繪的筆觸溫和的日本畫

atelier穂音

アトリエほおん

日本畫家比佐水音女士的工作室。這裡的日本畫教室使用的是讓比佐女士著迷不已的、以礦石和珊瑚等天然素材製作的日本古來的畫材。也有為迷你扇子和桐箱上色的彩繪工作坊。

☎070-5534-1114　不定休　需確認

以泥土為原料的水干顏料具有獨特的色調

5F	A51		A53
4F	A41	A42	A43
3F	A31	A32	A33
2F	A21	A22	A23
1F	A11	A12	A13
地下		A101	

&MORE

也去冷泉莊附近的
上川端商店街逛逛吧！

上川端商店街是福岡自古以來的繁榮商業區。現在以全長約400m的拱廊為中心，從博多當地人熟悉的老店到話題中的新店鋪，約有120間店鋪新舊交融在一起。不妨也來去這瀰漫著復古氛圍的商店街逛逛吧！　**MAP** 附錄 P.7 D-1

歷史悠久的人偶店「增屋」的博多祭典人偶

一整排都是博多人熟悉的店家

「松田姓名刺繡店」有販賣許多以博多傳統藝能等為主題的商品

只在週末或特定日期才營業的甜品店「川端善哉廣場」的川端善哉（紅豆年糕湯），是博多人的靈魂甜點

改造博物館
冷泉莊
リノベーションミュージアムれいぜんそう

中洲川端　▶ **MAP** 附錄 P.7 D-1
☎092-985-4562（冷泉莊事務所）
視店鋪而異　福岡市博多區上川端町9-35冷泉莊　地鐵中洲川端站步行3分　無

貝果和咖啡也可以內用

冷泉莊4樓的A41即為P.98介紹的田中勇気博多人形工房

冷泉莊

Art Spot

一窺福岡的藝術界

享受藝術＋α的時光

可以觀賞到各式藝術作品的福岡藝廊。
似乎能在＋α的空間裡度過充實的時光呢！

被繪有藍圖照片的作品包圍的藝廊，作品會不定期更換

店名為丹麥語的造語，意思是Tag（標記）和表示聚集人群的Station

藝廊併設的咖啡小站

＋α 咖啡小站

1 苦味與層次的平衡恰到好處的醇列白（￥550）
2 沒有座位，而是採取讓對話自然而生的立飲形式
3 建議來杯奢華使用雙份咖啡豆的濃縮咖啡飲品

手握咖啡，來一趟充滿刺激的藝術鑑賞

TAG STA
タグスタ

可以在沒有椅子也沒有音樂，單純簡潔的店內品嚐店主精心沖泡的咖啡。在藝廊裡可以欣賞到服裝表演或空間演出等各藝術家不限形式的作品。

春吉 ▶ MAP 附錄 P.11 C-1
☎ 092-724-7721 ■ 不定休
🕐 7:00～20:00
📍 福岡市中央區春吉1-7-11 スペースキューブ1F
🚇 地鐵渡邊通站步行3分 🅿 無

早上開門後便有許多當地熟客光臨

可以欣賞、閱讀和福岡有關的藝術

福岡縣立美術館

ふくおかけんりつびじゅつかん

在福岡出生長大的畫家高島野十郎，以及坂本繁二郎、兒島善三郎、中村琢二等，專門介紹這些與福岡在地有關的藝術家作品的美術館。在併設圖書館裡，可以閱覽約4萬本的美術書籍。

天神 ▶ MAP 附錄 P.4 B-1

☎092-715-3551 休週一（逢假日則翌平日休） 時10:00～17:30 费館藏展210円、特別展須另外付費 所福岡市中央区天神5-2-1 交西鐵福岡（天神）站步行15分 P50輛

位於博多河岸城裡，也有併設博物館商店和藝術咖啡廳

+α cafe&shop

可以享用自家烘焙的咖啡和手作甜點、午餐盤等。

也有高解析畫廊，能欣賞解說世界名畫和館內收藏品的影片

+α cafe&shop

在咖啡店可以品嚐以塞風壺沖泡的咖啡和甜點。

亞洲的玄關口福岡才有的美術館

福岡亞洲美術館

ふくおかアジアびじゅつかん

專門收集、展示亞洲近代美術作品的美術館。網羅了亞洲23國來自各個領域的收藏品，共約4500件。不論品質還是數量都是世界數一數二的。

中洲川端 ▶ MAP 附錄 P.7 D-1

☎092-263-1100 休週三（逢假日則翌平日休） 時9:30～19:30（週五、六為～20:00） 费入館免費（特別展需另付費、亞洲展廳200円） 所福岡市博多区下川端町3-1 博多河岸城中央大樓7・8樓 交地鐵中洲川端站即到 P950輛

在前往公園散步途中來趟藝術鑑賞

福岡市美術館

ふくおかしびじゅつかん

與大濠公園的綠樹在視覺上非常協調的紅褐色美術館。除了有達利和米羅等世界級大師和九州出身的畫家的作品、古美術之外，也收藏了舊福岡藩主黑田家的美術品。

大濠公園 ▶ MAP 附錄 P.4 A-3

☎092-714-6051 休週一（逢假日則翌平日休） 時9:30～17:00（7～10月的週五、六為～19:30） 所福岡市中央区大濠公園1-6 交地鐵大濠公園站步行10分 P26輛

Approach廣場有一座大型的戶外雕刻作品

+α cafe&shop

1樓的Approach廣場旁邊是「Cafe AQUAM」，有供應三明治等輕食。2樓有餐廳。

Yinka Shonibare CBE《Wind Sculpture (SG) II》2021年
攝影：中山慎太郎（Qsyum!）
Copyright Yinka Shonibare CBE, 2021. Courtesy of James Cohan Gallery, New York

「TAG STA」的藝廊在展示期間也會販售該作家的作品和相關商品。

Secret shop

只要敲響拍子木，店就會過來幫忙點餐

走在小路的新發現！
巷弄小店探險趣

從鬧街稍微拐進小路和大樓裡，
就能發現不一樣的店！來一探這些隱藏版的特殊商店吧！

4 季節性的曲木盒御膳早晚各限10份 **5** 店內有吧檯座、和式座位和桌椅座

1 小而整潔的古民家是屋齡約70年的老宅 **2** 宇治抹茶聖代 **3** 本日煎魚佐番茄與羅勒的雙色醬 附多彩蔬菜 ¥1,078

3

牛橫膈膜骰子牛排佐和風醬
¥1,408

在古民家咖啡廳享用午餐或晚餐

今泉小路 日和日
いまいずみこうじひよりび

位於今泉小巷裡的獨棟古民家咖啡廳。提供和洋折衷的創作料理，像是香煎魚肉和炊菜的拼盤等都頗受好評。店內的午餐和夜間咖啡廳的菜色也很受歡迎。除了有福岡縣產的水果酒之外，從日本茶到雞尾酒、梅酒、葡萄酒等飲品菜單也非常豐富。

葡萄酒和水果的桑格利亞各¥715。桑格利亞有紅酒和白酒2種

店內有豐富的水果酒可以試喝比較

今泉 ▶ MAP 附錄 P.10 A-1

☎092-791-4651 ◉週一 🕐11:00～14:00、18:00～21:00（週日為11:00～14:00） ◉福岡市中央区今泉2-4-6 🚇地鐵藥院大通站步行5分 Ｐ無

YUMMY!

小酌曲木盒套餐
（¥1,650）晚上6點過後才有提供

▷標記

位於停車場對面的白色建築物2樓

植物性蠟燭的手作課程為 S 尺寸 ¥3,800～（圖片為 M 尺寸）

大樓一室改裝而成的店面

點燃後就會逐漸變成月亮形狀的蠟燭「月燈」¥3,500～

在芳香精油與乾燥花的包圍下製做手工蠟燭

Candle Studio One
キャンドルスタジオワン

可以用天然素材製作手工蠟燭的工作室。有10種左右的體驗課程，可以製作含有乾燥花的蠟燭，或是加了芳香精油的擴香石等等。店內也販售倒掛乾燥花束和蠟燭，也有接受訂做。

今泉　　MAP附錄 P.6 B-4　　CR

☎092-401-2132　體驗採預約制（商店為週一～五休）　11:00～17:00（商店為週六、日的13:00～）　福岡市中央区今泉1-17-21清水ビル201　天神警固神社・三越前巴士站步行5分　無

岩田屋本店本館
警固公園
西鉄福岡(天神)駅
天神南駅
警固神社前
国体道路
Candle Studio One
今泉公園
上人橋通り
今泉小路 日和日
安養院
セブンイレブン
薬院六つ角
薬院新川
PATINA
薬院駅
薬院大通駅
地下鉄七隈線
薬院大通り

BEAUTIFUL!

先找出位於小巷裡的標記吧！

越用越有味道的高質感嚴選雜貨

PATINA
パティーナ

以「享受經年變化的韻味」為概念，由店主親自試用，嚴選來自日本國內外的好物。除了有發揮素材原有特色的竹籃和擺飾品、陶器之外，也有販售花草茶等食品。

薬院　　MAP附錄 P.10 B-2

☎092-791-9672　週三、四、日（有活動時需確認）　13:00～17:00（有活動時需確認）　福岡市中央区薬院1-7-12セルクル薬院402　薬院大通り巴士站步行5分　無

▷標記

位於改建大樓的4樓，以白色為基調的簡潔店面

桑原典子小姐製作的杯子（¥2,970）與茶壺（¥9,350）都是人氣商品

在位於小巷的大樓入口處有看板

由倫敦的作家所製作的陶器擺飾品（各¥29,700）

Candle Studio One的體驗課程都有附甜點和茶水。感覺就像在咖啡廳裡做手作一樣。

Shrine & Temple

Power Spot

去都會中的能量景點參拜

在神社 & 寺院療癒身心

彷彿融入都會鬧區般的神社與寺院。
其實有許多能感受到福岡歷史的可看之處。

狐狸的御神籤
超可愛

1雖然四周被大樓圍繞，但境內依
然綠意盎然 2在干支動物裡藏有
御神籤的干支御神籤 3穿過大鳥
居往前延伸的參道後方就是本殿

在都心正中央守護街道
的開運之神

警固神社

けごじんじゃ

天神 ▶ MAP 附錄 P.7 C-4
☎092-771-8551 🈚無休 ⏰9:00～
16:30（足湯為～16:00） 🏠福岡市
中央区天神2-2-20 🚇地鐵天神站步
行5分 🅿無

位於市中心，四周是西鐵福岡（天神）站旁的
百貨公司和商業設施，作為開運、除厄之神而
備受信仰。境內有足湯和御神水，還有全日本
少見的笑臉狐狸像，據說只要撫摸就能保佑生
意興隆。

以「お櫛田さん」之名而為人所
知的博多的總鎮守

櫛田神社

くしだじんじゃ

位於上川端商店街旁，被暱稱為「お櫛田さ
ん」的當地知名神社。也是博多祇園山笠的
壓軸好戲「追山笠」的舞台，一整年都可以
觀賞到裝飾山笠。境內的博多歷史館有文化
財和社寶的展示。

中洲川端 ▶ MAP 附錄 P.8 A-2
☎092-291-2951 🈚無休 ⏰4:00～22:00 🏠福岡市
博多区上川端町1-41 🚇地鐵中洲川端站步行5分 🅿
50輛

刻有方位及十
二生肖的干支
惠方盤

高達數十公尺
的裝飾山笠

矗立在路旁感覺歷史悠久的鳥
居就是標記。裝飾山笠上裝飾
著以歷史人物為主題的人偶

84

日本最大的
木造坐像大佛

本堂保管了製作於平安時代
的國寶．木造千手觀世音菩
薩立像等貴重的文物資料

高度
10.8m!!

與日本國內最大的木造佛像
福岡大佛面對面

東長寺
とうちょうじ

由空海大師創建的第一座真言宗
寺院。耗費4年的時間完成的福
岡大佛魄力十足，有著栩栩如生
的躍動感。此外，還有安置了6
尊佛像的六角堂和黑田藩的家墓
等也是可看之處。

祇園 ▶ MAP 附錄 P.8 B-1
☎092-291-4459 無休 9:00～
16:45 福岡市博多區御供所町2-4
地鐵祇園站即到 P50輛

Discovery

在神社&寺院療癒身心

高度約26m的五重塔，
據說裡面供奉著釋迦摩
尼佛之骨

&MORE

觀賞在秋夜點燈的社殿

這是在博多老街歷史
悠久的神社和寺院舉
辦的點燈活動。在東
長寺和承天寺等十幾
個地方，可觀賞到如
夢似幻的燈光演出。

漫步博多老街燈光秀「千年煌夜」
はかたきゅうしがいライトアップウォークせんねんこうや

☎092-419-1012（博多區企劃振興課）舉辦日期／11
月上旬 17:30～20:45（雨天照常舉行）〈會場〉
承天寺、博多千年門、東長寺、圓覺寺、本岳寺、善導
寺、妙典寺、海元寺、一行寺 預售票1000円、現場
票1300円 ※會場與票價為2022年的資訊，可能會有變
動。詳情請上官方網站（https://www.city.fukuoka.lg.
jp/hakataku/t-shinko/luw/）確認

85

供奉瞖固大神的「瞖固神社」有日本唯一使用博多織
製成的御守，稱為「お固り」。

Gaaaa Gaaaa

Ohori Park

佔地寬廣，備受當地人喜愛的池畔公園
在大濠公園小憩片刻

以周長約2km的水池為中心的大濠公園，
可以在池畔散步，度過悠閒的休憩時光。

大濠公園
おおほりこうえん

以廣大的水池為中心，備受當地人喜愛的休閒場所。可以在環繞水池的遊園步道上慢跑，或是在池畔的咖啡廳放鬆小憩。除了可以划船遊玩之外，日本庭院和能樂堂等也很值得一看。

大濠公園 ▶ MAP 附錄 P.4 A-3

☎092-741-2004（大濠・西公園管理事務所）**休** 無休
料 自由入園
♀ 福岡市中央区大濠公園
交 地鐵大濠公園站即到
P 103輛

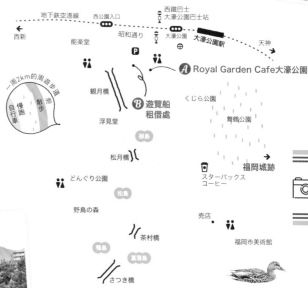

地下鉄空港線　西公園入口　西鐵巴士　大濠公園巴士站

西新　能楽堂　昭和通り　大濠公園　**大濠公園駅**　天神

一周2km的周遊步道

自行車　慢跑　散步　池

観月橋

A Royal Garden Cafe大濠公園

B 遊覽船租借處

くじら公園

浮見堂　舞鶴公園

柳島

松月橋　**福岡城跡**
スターバックスコーヒー

どんぐり公園

松島

野鳥の森　売店

茶村橋

福岡市美術館

鴨島　真鶴島

さつき橋

西新　**大濠テラス**
八女茶と日本庭園と。**C**　日本庭園　天神
西鐵巴士
国体道路　福大大濠中高前巴士站

福岡城櫻花祭
ふくおかじょうさくらまつり

福岡城跡 ▶ MAP 附錄 P.4 A-3

☎092-711-4424（福岡城櫻花祭實行委員會事務局）預定3月下旬～4月上旬舉辦　**♀** 福岡市中央区城　舞鶴公園
交 地鐵大濠公園站步行8分　**P** 167輛
※詳情請上「福岡城櫻花祭」官方網站
（http://saku-hana.jp）確認

倒映於池面的櫻花非常漂亮

（傳）潮見櫓與櫻花

&MORE

歷史建築物與櫻花的共演讓人陶醉

這是在櫻花時期於福岡城舉辦的活動。舞鶴公園內約1000棵櫻花樹會盛開妝點由黑田官兵衛建造的福岡城跡。活動期間也有點燈和美食屋台等。

Discovery

Ⓐ 能一望池畔風光的露台極受歡迎

Royal Garden Cafe 大濠公園
ロイヤルガーデンカフェおおほりこうえん

使用舊木材打造而的寬廣店內能遠眺公園，沉穩的氣氛讓人身心放鬆。料理以義大利麵和披薩為中心，也有不使用動物性食材的素食料理和加入當季蔬菜的健康料理。

也有販售原創商品。還有附免費飲品的宴會菜單（¥3,500～）

大濠公園 ▶ MAP 附錄 P.4 A-2 ☎092-406-4271 無休 11:00～20:30（週六日、假日為9:00～，有季節性變動） 福岡市中央区大濠公園1-3 BOATHOUSE OHORIPARK 1F

「&LOCALS」的聖代「晶中戀人」¥650。有店內自製的晶與八女玉露霜淇淋

咖啡廳「&LOCALS」也進駐了

Ⓒ 品嚐福岡特產的八女茶來小憩片刻

大濠テラス 八女茶と日本庭園と。
おおほりテラスやめちゃとにほんていえんと

位於大濠公園南側的日本庭園旁。1樓有飲食店，2樓則為活動場地。可以在飲食店品嚐八女茶，以及其他使用九州產食材所製作的料理和八女玉露甜點等。

大濠公園 ▶ MAP 附錄 P.4 A-3 ☎092-401-0275（&LOCALS） 週一（逢假日則翌日休） &LOCALS9:00～18:30（咖啡廳為～18:00），視設施而異 福岡市中央区大濠公園1-9 地鐵大濠公園站步行12分 無

外觀超可愛的天鵝船租借30分鐘 ¥1,100起

天鵝船非常受到家族客和團體客的歡迎

Ⓑ 能享受池畔風光的遊樂設施

遊覽船租借處

可在此租借遊覽船一遊公園中心的水池。現場有手划的小船和腳踩的天鵝船，最多可以乘坐3～4人。大型4人座的天鵝船有4個腳踏板，非常受到歡迎。

大濠公園 ▶ MAP 附錄 P.4 A-2 ☎092-716-9077 若遇雨天、強風會停止營運 11:00～17:30（週六日、假日為10:00～，視天候、季節會有變動，需確認） 租借30分鐘600円～ 福岡市中央区大濠公園1-3 BOATHOUSE OHORIPARK 1F

「大濠公園」裡有一座迴遊式的日本庭園（入園費¥250）。步道上配置了枯山水庭園和數寄屋造的茶室等，可以悠閒散步。

Seaside Area

前往沿海的地標區
在福岡塔&百道濱海灘散步

擁有都會地標與海景風光的百道濱
在充滿度假氛圍的海灘悠閒散步吧！

展望室

可以在離地面123m
處眺望福岡市區
的夜景

被心型的燈光包圍
按下開關就會

被8000片半反射鏡
覆蓋的高塔

戀人的聖地

ENJOY

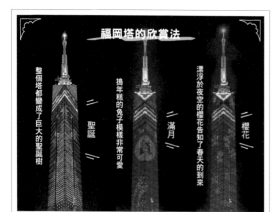

福岡塔的欣賞法

整個塔都變成了巨大的聖誕樹

聖誕

搗年糕的兔子模樣非常可愛

滿月

漂浮於夜空的櫻花告知了春天的到來

櫻花

可以看到依季節而異的漂亮彩燈

福岡塔
ふくおかタワー

標高234m，是日本最高的海濱塔。電梯從1樓
只要花70秒就能抵達123m的最高樓。從展望
室可以遠眺博多灣上的翠綠小島與蔚藍大海，
這也是只有在海濱塔才能看到的美景。

百道濱 ▶ MAP 附錄 P.12 A-4
☎092-823-0234 ☒無休〔6月有2天臨時休〕
¥門票800円 ⏰9:30~21:30 ⌖福岡市早良区百道浜
2-3-26 ⬇JR博多站搭西鐵巴士往福岡タワー25分。福
岡タワー南口下車即到 ⓟ81輛

宛如浮在海面般的複合設施「Marizon」

「Marizon」裡有許多飲食店和商店

眼前就有大片海灘的濱海公園

百道海濱公園

シーサイドももちかいひんこうえん

位於百道濱海灘一帶的廣闊公園。旁邊就是福岡塔和福岡巨蛋，地點絕佳。夏天有許多人會來此參加水上活動，也是很受歡迎的健行景點。依不同季節也會舉辦各種活動。

百道濱 ▶MAP附錄 P.12 A-4
☎092-822-8141 休無休 ¥自由入園 ♀福岡市早良区百道浜2丁目、4丁目地先 ♥JR博多站搭西鐵巴士往福岡タワー25分，福岡タワー南口巴士站下車，步行3分 P230輛

━━━━━━ 順道前往 SPOT ━━━━━━

綿密&濃郁的鮮奶霜淇淋

北キツネの大好物　福岡タワー店

きたキツネのだいこうぶつふくおかタワーてん

外帶內用都可以

位於福岡塔佔地內的霜淇淋專賣店。使用乳成分8%、最頂級的北海道鮮奶油製作，並融合了蕎絲粉，口感細緻綿密。

百道濱 ▶MAP附錄 P12 A-4
☎092-823-1770 休週二
⏰12:00~20:00（需洽詢）♀福岡市早良区百道浜2-3-26 ♥JR博多站搭西鐵巴士往福岡タワー25分，福岡タワー南口下車即到 P無

上面有莓果的巧克力霜淇淋，巧克力蛋糕口味（¥600）

威受海風吹拂的濱海餐廳

THE BEACH

ザビーチ

位於面向博多灣的設施Marizon內，從露天座位區看出去的海景別有風情。飲品和甜點菜單也很豐富，還可以享受空手前去就能烤肉的樂趣。傍晚的夕陽更是動人。

百道濱 ▶MAP附錄 P.12 A-4
☎092-845-6636 休週三、第3週四（7~9月僅週三休）⏰11:30~21:00 ♀福岡市早良区百道浜2-902-1 Marizon內 ♥JR博多站搭西鐵巴士往福岡タワー25分，福岡タワー南口巴士站下車·步行3分 P無

人氣菜色的沖繩塔可飯（¥880）

可以在露台上烤BBQ

來看我喔！

Cute Healer

讓可愛的動物來療癒你

前往海洋世界海之中道

在水裡好舒服～♡

面向博多灣的海洋世界水族館，
有許多讓人不禁著迷的可愛海洋生物。

CUTE HEALER

01

江豚

Finless porpoise

Smile

♥ ♥ ♥

音詢類表演秀和出動
的時間喔！
可上官網查詢

這裡可以看到

江豚TALK

在「福岡的身邊海豚」區演出，約15分鐘的表演秀。牠們會表演從嘴巴吐出「氣泡圈」

可以就近欣賞海豹的海獸島

以「九州大海」為主題的展示極具魅力

海洋世界海之中道

マリンワールドうみのなかみち

展示了350種、3萬隻海洋生物的水族館。以水和光的流動、影像和音響交錯來重現九州各地的海洋。也可以就近觀賞江豚和海豚等表情極為可愛又充滿魅力的 海洋生物們。

海之中道 ▶ MAP 附錄 P.2 B-2

☎092-603-0400 休無休，2月為第1週一及其翌日休
🕐9:30～16:30（視時期而異） ¥門票2,500円
📍福岡市東區西戶崎18-28 🚃JR海ノ中道站步行5分
🅿400輛

在「九州遠洋」區的遠洋大水槽裡可以看到沙丁魚群

CUTE HEALER
02
海豚
Dolphin

這裡可以看到

海豚秀
以博多灣為背景，可以看到海豚跳躍或是和訓練師攜手表演

Jump!!

Discovery

還意猶未盡？
可愛的療癒動物們

海獺
圓滾滾的眼睛超可愛。還有餵食秀可以看。

企鵝
小步走的模樣滑稽又可愛。也可以看到牠們游泳的模樣。

CUTE HEALER
03
海獅
Sea lions

這裡可以看到

海獅秀
在海豚池觀眾席旁的舞台，可以近距離觀賞運動神經超強的海獅們

&MORE
沿著海岸騎自行車

全長約12 km的自行車道，可以一邊眺望海景一邊騎自行車。有2人座和電動自行車等可以租借。

海之中道海濱公園
うみのなかみちかいひんこうえん

海之中道 ▶ MAP 附錄 P.2 B-2

☎092-603-1111 🗓無休（2月為第1週一及其翌日休）
🕐9:30〜17:30（11〜2月為〜17:00）💴門票450円，租自行車3小時500円（之後每30分鐘100円）📍福岡市東區西戶崎18-25 🚃JR海之中道站即到 🅿3400輛

這裡也很吸睛！

1樓的餐廳眼前就是海豚悠游的表演池，可以一邊觀賞海豚在水裡的泳姿一邊用餐。除了有供應義大利麵和咖哩之外，甜點種類也很豐富。

以海豚為造型的可愛聖代

由水果和2層冰淇淋組成的海豚聖代（￥700）

「海洋世界海之中道」在黃金週和暑假期間會舉辦能夠在夜間觀察水中生物的「夜間水族館」活動。

Flower Garden ✿

鄰近都會的悠閒島嶼時光

前往遍地花海的能古島來趟小旅行

從福岡市區搭船10分鐘就能抵達的能古島。
以大海為背景，妝點著四季花卉的美麗花田正等著你。

HOW TO GO
前往能古島的方式
從JR博多站搭巴士43分鐘到姪濱旅客等候室，轉乘能古島渡船10分鐘即可抵達。

Ⓐ 能古島
海島公園

\BEAUTIFUL/

3月上旬～4月中旬是油菜花，4月上旬～5月中旬是彩虹菊，7月中旬～8月中旬是向日葵，10月上旬～11月中旬是大波斯菊，一整年都能欣賞到不同的季節花卉

TOTAL 4.0H

9:00 — 13:00 — 15:00 — 18:00

ROUTE
想要在上午抵達的話，最慢要搭11：15發的渡船。提早30分鐘前往姪濱旅客等候室吧。

BEST TIME／上午～中午
在陽光正漂亮的上午拍攝紀念照

想要拍出美麗的花朵，建議在上午進行。花季時的人潮較多，不妨比出航時間更早抵達渡船場等待吧！

能古烏龍冷麵
￥780

耕ちゃん
うどん

位於能古島海島公園內的烏龍麵店。除了有冷麵和釜揚等能古烏龍麵之外，也有溫熱的烏龍麵。

Nokonoshima

N
500m

● 能古島キャンプ場

⒝ 耕ちゃんうどん

⒜ 能古島
海島公園

Discovery

遍地花海的能古島

VITAMINES STATION

home made Sandwich TAKEOUT

noco nico cafe

提供熱壓三明治和烘焙點心的露天咖啡廳。也有販售能古島渡輪的紙工藝品（￥500）等色彩繽紛的雜貨。

⒟ noconico
cafe

能古島汽水
￥200

能古島生產的能古烏龍麵是很有咬勁的細麵，3人份￥1,188。

能古中・小 ● ⒞ のこの市
⚓ 能古渡船場
白鬚神社 ●

⒟ noconico cafe
福岡市營渡船
往博多

手捏製作
的能古漢堡
￥540

Juicy!

⒞ のこの市

也有販售能古烏龍麵和能古蜜柑果凍等能古島的特產品。

⒟ noconico cafe
GOAL
≪ 🚶 ≪ 步行即到

⒞ のこの市
≪ 🚶 ≪ 步行即到

⒝ 耕ちゃんうどん
≪ 🚌 ≪ 搭巴士10分

⒜ 能古島海島公園
≪ 🚶 ≪ 步行即到
START

⒜ 能古島海島公園（のこのしまアイランドパーク）　☎ 092-881-2494 🈹 無休 ⏰ 9:00〜17:30（週日・假日為〜18:30）　💴 門票1200円 📍 福岡市西區能古島 🚃 能古渡船場搭西鐵巴士往アイランドパーク10分，終點下車即到 🅿 無 MAP 附錄 P.2 A-2　⒝ 耕ちゃんうどん（こうちゃんうどん）☎ 092-881-2494 🈹 無休 ⏰ 11:00〜16:00 📍 福岡市西區能古島1624 能古島海島公園內 🚃 能古渡船場搭西鐵巴士往アイランドパーク10分，終點下車即到 🅿 無 MAP 附錄 P.2 A-2　⒞ のこの市（のこのいち）☎ 092-881-2013 🈹 無休 ⏰ 8:30〜17:30（12〜2月為9:00〜17:00）📍 福岡市西區能古457-16 🚃 能古渡船場步行即到 🅿 無 MAP 附錄 P.2 A-3　⒟ noconico cafe（ノコニコカフェ）🈹 無 ☔ 雨天時會不定休 ⏰ 中午後〜傍晚（需確認）📍 福岡市西區能古457-1 🚃 能古渡船場步行即到 🅿 無 MAP 附錄 P.2 A-3

「能古島海島公園」除了有花田之外，也有迷你動物園和能夠體驗轆轤、彩繪的設施。

感受道地的博多魂

現場感受博多祇園山笠
狂熱的九州男兒就在眼前

千代県庁口駅
千代流
惠比須流
追山笠預演路線
追山笠路線
集團山見遊行路線（去程）
集團山見遊行路線（回程）
土居流
博多河岸城
吳服町駅
裝飾山笠
抬山笠
大黑流
上川端通
中洲流
櫛田神社
天神駅
新天町
JR博多駅
SOLARIA
天神一丁目
博多
運河城
西鐵福岡
（天神）駅
天神南駅
博多站前
商店總合會

追山笠預演：「預演」路線到櫛田神社長約 4km
集團山見：明治通的吳服町～天神間來回約 2.1km
追山笠：追山笠路線到櫛田神社長約 5km

博多的夏季風物詩「博多祇園山笠」是活力十足的傳統祭典。博多男兒會身穿法被，扛著山笠在博多街道上遊行。這些扛著山笠的男性們被稱為「昇き手」（扛手），依照不同街區分成好幾組稱為「流」的隊伍，在約 5 km 的道路上奔跑競速。不妨就近實際感受一下讓博多街道陷入狂熱的傳統行事吧！

追山笠預演

追山笠的預演。從櫛田神社出發約 4 公里的路程互相計時競速。只有第一個進入櫛田神社的「流」可以唱「博多祝歌」。

7/12

7/13

Big!

集團山見

以明治通的吳服町十字路口～福岡市役所間約 1.3km 的路程為舞台，由地方名人登上山笠，和各流的總務會長一同激勵扛手們。

7/15

追山笠

從第一組山笠開始依序進入櫛田神社。之後從神社出發，沿著約 5km 的「追山笠路線」拚命扛著山笠競速狂奔，比賽誰能最快抵達終點。

「o shoi」的吆喝聲揭開序幕

博多祇園山笠
はかたぎおんやまかさ

祇園 ▶ MAP 附錄 P.8 A-2

☎092-291-2951（櫛田神社）舉辦日／7月1日~15日 追山笠預演為15:59~、集團山見為15:30~、追山笠為4:59~ 福岡市博多区祇園周辺 地鐵祇園站步行5分 P50輛

感動體驗等著你

Experience

不同於日常的體驗總是讓人興奮
又期待！機會難得，不妨來去有
趣的景點，嘗試福岡才有的獨特
體驗吧！

Make your *special* memories

田中勇気博多人形工房
たなかゆうきはかたにんぎょうこうぼう
>>P.98

ORIGINAL *Mentaiko*

自己動手做博多名物①

DIY明太子製作體驗

福岡的經典伴手禮明太子。
在發源地福岡依照個人喜好調味製作自己的明太子吧！

附保冷劑可以安心帶回家

有工廠、博物館和體驗工作坊

體驗 DATA

my明太子製作體驗

- Ⓨ 費　用　¥2,000（約100g）
- ⓛ 所需時間　30～40分
- ⓟ 預　約　於官方網站預約

這是一邊聆聽關於明太子的解說，一邊依照自己的喜好進行調味製作明太子的體驗。一人以上即可預約，還可以將成品帶回家。

參觀工廠可以看到嚴格的品質管理和費時費工的明太子製造過程

❶ エアシャワー
❷ 漬込每タレ作り
❸ 選別・唐辛子
❹ タレかけ
❺ 熟成室

工場
見学

2F

CHALLENGE

&MORE

博物館

介紹博多祇園山笠、筥崎宮放生會、博多咚打鼓海港節等博多具代表性的四季祭典與其歷史。

可以參觀、製作、品嚐明太子的博物館

博多飲食文化博物館HAKUHAKU

はかたのしょくぶんかのはくぶつかんハクハク

這是老牌的明太子製造商「FUKUYA」所營運的明太子博物館。不僅有能參觀明太子製造過程的工廠，還有介紹創業當時的店面和創業者川原俊夫的人物史的介紹專區，以及讓人更了解博多飲食與文化的博物館。此外，還有能DIY製作原創明太子的體驗工作坊、能品嚐明太子料理的咖啡廳等，能在明太子的陪伴下度過一整天。

吉塚　▶ MAP附錄 P.3 C-3

☎ 092-621-8989　休 週二（逢假日則翌日休）　時 10:00～15:30
门 門票300円　♀ 福岡市東区社領2-14-28　交 JR吉塚站步行15分
P 60輛　HP https://117hakuhaku.com

step 2

調整辣度

依照個人喜好放入辣椒、黑胡椒粉、芝麻粉等。普通辣度約需3撮份的辣椒。

來製作世界獨一無二的我的明太子吧!

step 1

裝入鱈魚子

將鹽鱈魚子裝入袋中。這時,有洞的腹側要朝下,以便調味液滲透。

這就是調味的關鍵!

step 4

裝入外帶包裝盒中

寫下製作日期和自己的名字,原創明太子的製作體驗就結束了。

step 3

浸泡調味液

最後倒入FUKUYA公司中也只有2人知道配方的祕傳調味液。

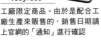

寫下名字和日期吧!

step 5

經過2天熟成即可享用!

帶回家後在冰箱冰2天,待旨味確實滲透後,美味的明太子就完成了!

\ PICK UP /

光是體驗還覺得不夠的人!

還有 SHOP & CAFE

SHOP

販售經典明太子、博多名物和博多的傳統工藝品等。

現做的「生」明太子
100g ¥990

工廠限定商品。由於是配合工廠生產來販售的,銷售日期請上官網的「通知」進行確認

明太子鮪魚罐頭全品項組
4罐 ¥1,550

鮪魚＋明太子的罐頭。有原味、辛口、特級、特級芝麻等4種口味可品嚐比較

明太子無限量自助餐
（限時60分鐘）¥2,000

僅限週六日舉辦,可以用明太子和喜歡的配料客製化,享用美味的明太子料理。需預約

🕐 11:00～14:30

CAFE

可以品嚐使用「FUKUYA」明太子製作的料理。也有這裡才吃得到的菜色。

現烤明太子法國麵包 1根 ¥367

現點現做,約需10分鐘就能買到現烤的麵包。外層酥脆,內部Q彈,是工廠的限定商品

Experience

明太子製作體驗

Painting

自己動手做博多名物❷

來挑戰博多人偶彩繪

能感受福岡自古以來傳承至今的日本之美的博多人偶。
作為旅行的紀念，不妨來挑戰製作博多人偶吧！

用自己喜歡的色彩
來製作獨創的博多人偶

田中勇氣先生的工房裡有許
多人偶，從傳統風格到幽默
詼諧，各式各樣的人偶都有

體驗 DATA

彩繪體驗

¥ 費用	¥1,650
所需時間	約1小時
預約	電話預約(當日OK)

可以從10種土鈴中進行挑選的彩繪體
驗。選好作為基底的人偶後，使用顏
料進行彩繪上色。成品可以帶回家。

STUDY!

什麼是博多人偶？

一般是指使用福岡縣的泥土所製作的人偶。
據說是源自於17世紀初期開始出現的素燒
人偶，在各個名師的活躍下，逐漸昇華為藝
術品。

融合了傳統技術與自我特色的博多人偶

田中勇気博多人形工房
たなかゆうきはかたにんぎょうこうぼう

拜師於國家指定的傳統工藝師梶原正二大師
門下，獨立後獲獎無數的人偶師．田中勇氣
先生所開設的工房。從被稱為「美人物」的
傳統人偶，到表情和動作都豐富精采的原創
人偶模型等，工房裡的人偶有各種風格領
域，特色是全都充滿了栩栩如生的躍動感。
除了彩繪體驗之外，也有能依個人喜好製作
博多人偶的學習教室，可以輕鬆地接觸了解
博多人偶。

中洲川端　MAP 附錄 P.7 D-1

☎080-1600-1042　休 週一～四　⏱ 10:00～21:00
📍福岡市博多区上川端9-35 改造博物館冷泉莊 A-41號
室≫P.79　🚇地鐵中洲川端站步行5分　🅿無

SOFTLY...

臉際的部分要用畫
筆慎重地進行。

step 2

塗上底色

面積較寬的身體進行全面上色。
可以重疊上色，調整成自己喜歡
的顏色。

一搖晃就會發
出柔和的聲音

來挑戰彩
繪不倒翁
造型的土鈴

LET'S TRY

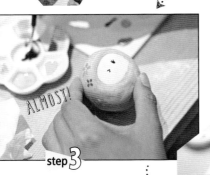

ALMOST!

step 1

決定好喜歡的顏色

決定要使用的顏色。將適合
用於素燒的水彩顏料用水稀
釋成喜歡的顏色濃淡和容易
使用的濃稠度。

FAVORITE COLOR...

可以自行加上
變化喔♡

I DID IT!

step 4

待乾後即完成

上色完畢後就會馬上乾燥，
不用等太久就會完成！充滿
原創性的土鈴也很適合作為
福岡伴手禮。

step 3

描繪眼睛和花紋

在身體上描繪喜歡的花紋和
圖案、文字等。結束後再描
繪眼睛和嘴巴，做出表情。

手機掛繩編輯
很可愛又可以！

Experience

博多人偶

也可以購買喜歡的人偶！ SHOP

HAKATA
GEISYA

¥4,320

溫柔的表情與女性
特有的曲線美充滿
魅力。不會過大或
過小的尺寸，感覺
剛剛好

迷你山笠
¥3,300

以可愛的迷你尺寸
來表現參加博多傳
統文化博多祇園山
笠的九州男兒們

相撲系列
¥11,000

表現出相撲力士獨特的柔軟
肌膚與肌肉。有各種姿勢的
人偶

\ PICK UP /

光是體驗還覺得不夠的人！

推薦給想學習各種技法的人

博多人偶教室

- (日) 舉辦日　每月第1、3個週四13:00～
- (¥) 費用　月費¥5,500
- (時) 所需時間　約3小時
- (預) 預約　電話預約（最晚須提前一天）

可以一邊學習博多人偶的傳統技法，一邊
接受老師個別指導，做成想要的風格。使
用工房提供的用具來製作。報名僅限上過
體驗課程的人。

99

搭上能享受美景與料理的格紋列車GO！

搭乘列車品嚐在地美食

可以在裝飾有傳統工藝的車內品嚐地產地消美味料理的觀光列車。
來一趟能讓旅途變得不一樣的奢華列車之旅吧！

"GOTO GOTO"

在車上吃午餐
也很棒呢♪

NISHITETSU-FUKUOKA
(TENJIN)

DAZAIFU

Goto! Goto!

YANAGAWA

Delicious!

ŌMUTA

美食列車之旅的介紹

THE RAIL KITCHEN CHIKUGO

THE RAIL KITCHEN CHIKUGO
ザレールキッチンチクゴ

連結福岡市區到筑後地方的觀光列車。可以在車內品嚐使用
沿線當季食材製作的料理。使用八女市的竹子所製作的竹編
和久留米市城島瓦等傳統工藝的車內設計也很值得一看。

福岡 ▶ MAP 附錄 P.7 C-3 P.13 A-4

☎ 092-734-1903（西鐵旅行天神分店THE RAIL KITCHEN CHIKUGO
預約中心），或上官網（https://www.railkitchen.jp/）進行預約
運行日以週四～日、假日為主，需上官網進行確認。
🚃 從西鐵福岡（天神）站出發

1 用廚房擦巾為意象，以紅
色為基調的車身外觀 2 沿
途可以看到九州最大的河川
筑後川和悠閒的田園風光
3 4 可以品嚐在車上廚房現
做的美味料理

路線	出發站	途中停靠站	抵達站	費用
福岡起迄 品嚐在地 早午餐	西鐵福岡（天神）站 平日10:10發車 週六日、假日 10:11發車	花畑站折返	西鐵福岡（天神）站 平日12:50抵達 週六日、假日 12:33抵達	￥8,800
福岡出發 往大牟田 品嚐在地 列車午餐	西鐵福岡（天神）站 平日13:40發車 週六日、假日 13:23發車	西鐵柳川站 平日15:41抵達 週六日、假日 15:02抵達	大牟田站 平日16:05抵達 週六日、假日 15:29抵達	￥8,800

Interior
內部裝潢

融合現代風的設計與傳統工藝

1使用城島瓦和竹細工等工藝技術裝潢的車廂內部2第二節車廂設有大型廚房

傳統工藝品與設計師的感性相輔相成,打造出能讓人感受到沿線魅力的空間。也傳遞了筑後地方的工藝之美。

DELICIOUS

車內也有販售原創商品
1TRKC原創隨行杯(1個¥700) 2鑰匙圈(1個¥700),以及3款透明資料夾(各¥300)

Cuisine
料理

由代表福岡的3位主廚進行監修,提供以列車內的烤爐製作的美味料理

在地美食列車

&MORE
奔馳於筑豐的餐廳列車

搭乘最新設計的列車品嚐在地食材的法國菜

|COTO COTO列車 ことことれっしゃ

奔馳於福岡縣北部的筑豐區域的觀光列車。可以在由水戶岡銳治先生所設計的豪華車廂裡,品嚐獲選為亞洲最佳50間餐廳的福山剛主廚所監修的法國菜。

福岡　▶MAP附錄 P.13 B-2

☎093-521-5956(JTB北九州分店)　週六日、假日運行、運行日請上官網進行確認　1人17,800円　從平成筑豐鐵道直方站出發

1使用寄木細工和彩繪玻璃的豪華車廂 2富有深度的紅色車體 3料理為堅持地產地消的法式全餐,共有6道

TIME FOR RELAXING

Itoshima

糸島

前 往 讓 心 靈 充 電 的 療 癒 半 島

一望無際的藍色大海充滿魅力的糸島。
從有益身體健康的午餐，到具有溫度的手工藝品，
有許多讓人想特意前往的魅力之處。
不妨前往這療癒半島兜風散心吧！

INDEX

這種若有似無的空氣感剛剛好

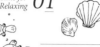

Time for
Relaxing *01*

奔馳於一望無際的海景半島

絕景濱海兜風趣

突出於海面的半島糸島的魅力就在於美麗的大海。
沿著海岸奔馳，來一趟尋訪名勝地和咖啡廳的兜風之旅吧！

去程可經由西九州道前往糸島。傍
晚以後國道202號、西九州自動車
道都很容易壅塞，建議不妨儘早打
道回府。

ACCESS BY CAR

Welcome

🍴 糸島LONDON BUS CAFÉ

以1950年代的倫敦
製巴士改裝而成的咖
啡廳，大紅色的外觀
非常可愛。2樓的座
位區可以一邊眺望大
海，一邊品嚐義式冰
淇淋和各式輕食

眺望糸島藍
Ⓑ 從大紅色的倫敦巴士

手作熱狗堡（¥500）與
原創咖啡（¥400）

 Ⓓ Loiter Market　 Ⓒ 芥屋大門　 Ⓑ 糸島LONDON BUS CAFÉ　 Ⓐ 櫻井二見浦

西九州道
前原IC
車程
4
分
GOAL
《《

《《《 🚗 《《
開車即到
0.7km

《《《 🚗 《《
車程8分
6.9km

《《《 🚗 《《
車程8分
5.4km

西九州道
今宿IC
車程
4
分
START

Ⓐ 櫻井二見浦（さくらいふたみがうら）　☎092-322-2098（糸島市觀光協會）　🕐自由參觀　📍糸島市志摩櫻井　🚌JR筑前前原站車程30分
🅿47輛　MAP附錄 P.17 C-1　Ⓑ 糸島LONDON BUS CAFÉ（いとしまロンドンバスカフェ）　🕐詳情請上社群網站確認　休不定休
🕐11:00～日落　📍糸島市志摩野北2289-6　🚌JR今宿站車程20分　🅿15輛　MAP附錄 P.16 B-2　Ⓒ 芥屋大門（けやのおおと）　☎092-328-
2012（芥屋大門觀光社）　休期間中無休（若海象不佳則停駛）　🚢遊覽船為3月中旬～11月的9:30～16:30　🚢船票800円　📍糸島市志摩芥
屋677（遊覽船乘船場）　🚌JR筑前前原站車程23分　🅿30輛　MAP附錄 P.16 A-3　Ⓓ Loiter Market（ロイターマーケット）　☎090-5298-
3851　休雨天時　🕐12:00～17:00（週末、假日為11:00～）　📍糸島市志摩芥屋94-3　🚌JR筑前前原站車程20分　🅿15輛　MAP附錄 P.16 A-3

搭乘遊覽船到日本最大的玄武岩洞探險

大門

芥屋

3月中旬～11月可以搭乘遊覽船參觀

高64m，正面寬10m，洞深90m的侵蝕洞

位於海中，距離岸邊鳥居約150m的夫婦岩。夏至時，於夫婦岩之間沉沒的夕陽非常美麗，獲選為「日本夕陽百選」之一

Nice View!

櫻井二見浦

藍色大海與白色鳥居極為上相的名勝地

Loiter Market

露營車的義式冰淇淋店

販售發揮新鮮食材的風味，低熱量又對身體溫和的義式冰淇淋，約有10種口味

綜合莓＆奇異果與開心果＆鹽（￥470～）

CHECK

一貴山展望台
いきさんてんぼうだい

可以從標高610m處一望糸島市區的展望台。天氣好的話，除了可以看見長崎縣的壹岐島，玄界灘的日落更是一絕。

糸島 ▶ MAP 附錄 P.16 A-2
☎092-332-2088（糸島市水產林務課）
自由參觀 ♀糸島市二丈滿吉 ♜JR筑前前原車站車程40分 Ｐ3輛

白絲瀑布
しらいとのたき

位於羽金山的山腰，落差達24m的瀑布，一整年都有豐沛的水量，是縣內的名勝。周邊也有飲食店和山女魚的釣場，夏天則可以享用流水麵線。

糸島 ▶ MAP 附錄 P.16 A-2
☎092-323-2114（白糸の滝ふれあいの里）
自由參觀 ♀糸島市白糸460-1 ♜JR筑前前原站車程30分 Ｐ150輛

這裡也很推薦

稍微走遠一些
絕景景點

距離海岸邊稍微遠一點的地方也散布著幾處絕景景點，都是能讓人感受到糸島自然之美的推薦景點。

Photo Point!

「糸島LONDON BUS CAFÉ」的義式冰淇淋均為使用當季水果和九州農特產品製作，約有10種口味會每天更換。

Time for
Relaxing **02**

讓耀眼的光芒和神祕的海洋藍療癒你心

日落大道的海景咖啡廳

位於能一望糸島夕陽的「日落大道」上的咖啡廳。
坐在能眺望療癒美景的特等席上，享受至福的咖啡時光。

讓海面閃閃發亮的
美麗落日就在眼前

也有分量滿點
的全餐料理

PALM BEACH
パームビーチ

能夠享用糸島產的有機蔬菜
和海鮮、糸島豬等美食的義
大利菜餐廳。透過店內巨大
的窗戶和露台座，可以眺望
櫻井二見浦；冬季時，夕陽
沒入海中的美景就近在眼
前。

糸島 ▶ **MAP** 附錄 P.17 C-1
☎092-809-1660 困不定休
⏰11:00～22:00（視時期而異，週
六日、假日12:00前只接受點餐預
約） ♀福岡市西區西浦286
🚍JR今宿站車程20分 🅿30輛

MARE全餐
（2名￥5,720）

Ⓐ木造的露台座
Ⓑ午餐時段從11時30分起，除
了有午間全餐（￥2,750）之
外，也有供應主廚的無菜單全餐
（￥6,050）
Ⓒ有著開放式廚房的寬廣店內

BEAUTIFUL

CURRENT
カレント

位於高地，從店內和露台座都能眺望糸
島的大海，地點絕佳。料理是以使用糸
島產蔬菜和糸島豬里肌等地方食材所做
的創意義式料理為中心。也有販售以糸
島產的雞蛋與天然酵母所製作的麵包。

糸島 ▶ **MAP** 附錄 P.16 B-2
☎092-330-5789 困週二、三（可能食有變動）
⏰10:00～16:00（週六日、假日為～17:00）
♀糸島市志摩野北2290 🚍JR筑前前原站車程18
分 🅿20輛

位於高地的露台座
讓人彷彿身處於南國度假勝地

上午10時～11時提
供的附飲品午餐盤
（￥1,200）很受歡迎

也有許多使用當季水果製成的自製甜點 ☆☆☆

Ⓐ100%使用義大利產莫札瑞拉起司的瑪格麗特披薩（￥1,950）Ⓑ喜歡的料理只要再加￥330就能變成附湯、沙拉、麵包、飲料的午間套餐Ⓒ可從4種蛋糕中任選2種的甜點盤（￥1,100）

CHECK

在糸島海灘舉辦的 音樂祭

Sunset Live

每年9月上旬於芥屋海水浴場舉辦的音樂祭。可以在糸島豐富的大自然包圍下，聆聽表演者們的音樂演出。各個手工藝作家們的作品和美食等也不可錯過。

糸島 ▶ MAP 附錄 P.16 A-3

http://www.sunsetlive-info.com/
舉辦日／9月第1週六、日 ■11:30～20:00
♀糸島市志摩芥屋2589芥屋海水浴場
♥JR筑前前原站車程20分 P無

SUN SET

位於日落大道旁，開放感十足的露台座

Ⓐ店內有舒適的桌椅座和沙發座位位置 Ⓑ面向風平浪靜的大原海岸的露台座 Ⓒ表面做成烤布蕾風格，口感酥脆的法式酥吐司（￥1,360）

sunflower
サンフラワー

以歐洲度假勝地為意象的咖啡餐廳。面向博多灣的露台座和整面玻璃窗戶的店內，視野極佳。充分使用糸島產食材製作的料理和甜點，品項也很豐富。

襯托藍色大海的白色咖啡廳

糸島 ▶ MAP 附錄 P.17 C-2

✂無 休週四
■11:30～21:00 ♀福岡市西区今津4420-1 ♥JR今宿站車程10分
P30輛

主辦Sunset Live的咖啡廳「SUNSET」（MAP附錄P.17 C-1）是最早在糸島沿岸開幕的咖啡廳。

不使用現成商品，醬汁和沙拉醬都是店內手工製作

要脫鞋才能進去的店內，充滿了自然氛圍

danza padella
ダンザパデーラ

提供使用營養價值高的當季蔬菜所製作的料理吃到飽。每月更換的菜單有35～40種，豐富多樣的變化讓人百吃不膩。也有大豆肉和藜麥等有益身體健康的食材，令人開心。

糸島 ▶MAP 附錄 P.16 A-1
092-325-2880 ☎週日・一
11:30～14:30 ♀糸島市二丈深江1456-1 ₩JR筑前深江站步行15分
P有帳

Time for Relaxing **03**

能享用許多新鮮蔬菜的奢華午餐

享用糸島蔬菜的悠閒午餐

營養豐富又美味的糸島蔬菜。
在舒適放鬆的店裡品嚐大自然的恩惠！

\\CHOICE!//

豐富多樣的蔬菜料理吃到飽
也有許多少見的蔬菜！

偶爾也有提供市場少見的稀有蔬菜喔！

MOCHI MOCHI

SAKU SAKU

有大量使用糸島蔬菜的料理

蜜柑和蘿蔔的組合意外地對味♡

A費用為1人¥1,500（入店算起90分鐘） B以水果、鹽麴和酒醣為基底的沙拉醬 C醋味噌涼拌蘿蔔和蜜柑 D有機番茄與豆乳起司的瑪格麗特披薩 E蜂蜜核桃烤安納芋與香蕉

Ａ沉穩的店內桌椅座
Ｂ依當天進貨內容而異的午餐自助餐90分鐘￥2,400　Ｃ位在GLOCAL HOTEL糸島1樓

以能看見生產者履歷的新鮮蔬菜做成的奢華料理

太陽の皿
たいようのさら

大量使用由契約農家直送的糸島當季食材，料理豐富多樣的吃到飽餐廳。可以藉由季節性的食材來享用島上的美食。料理從前菜到甜點有40種。座位有桌椅座、露台座和半包廂。

糸島 ▶ MAP 附錄 P.17 C-3　　Ｇ Ｒ
☎092-332-8557　休無休　6:30~9:00、11:00~14:00（週六、日為~15:00）、17:30~20:30　糸島市泊844-1 GLOCAL HOTEL糸島1F　JR波多江站車程5分　P116輛

週末人潮較多，建議預約

& MORE

糸島的冬季風物詩
牡蠣小屋

從牡蠣當季的11月~3月，糸島的漁港周邊會有二十幾間牡蠣小屋限期開張。可以在那裡吃到個頭又大、肉質也結實美味的品牌牡蠣。

唐泊恵比須 かき小屋
からとまりえびすかきごや

糸島 ▶ MAP 附錄 P.17 C-2

☎092-809-1047　休11月~翌年3月期間中的週二　11:00~16:30（週六日、假日為~17:00）　福岡市西區小田池ノ浦　福岡海釣公園旁　JR今宿站車程12分　P70輛

Ａ

Ｂ

糸島法式全餐為平日的限定午餐

除了蔬菜之外，還有許多使用糸島物產的料理

糸島domPierre
いとしまドンピエール

這間餐廳在2023年1月時搬遷至「大島農園糸島山羊牧場」內重新開幕。除了提供糸島產的日光米和品牌雞蛋「つまんでご卵」之外，蔬菜和海鮮、調味料等也都堅持使用糸島食材來製作。從午餐到晚餐都歡迎前來享用。

糸島 ▶ MAP 附錄 P.16 B-3

☎092-327-0887　休週二　11:30~21:00（午餐為~14:30）　糸島市志摩小金丸2711-4 大島農園糸島山羊牧場內　JR筑前前原站搭巴士約20分，東小金丸巴士站下車，步行3分　使用糸島山羊牧場的停車場

Ａ由主廚大展身手，將糸島產食材的美味發揮到極致　Ｂ糸島法式全餐￥3,800。主菜是本日主廚推薦料理　Ｃ數寄屋風格的建築，可透過雪見障子欣賞庭院

在糸島domPierre所在的「糸島山羊牧場」裡可親近及餵食山羊。還販售100%羊奶製成的手工起司及「山羊的微笑布丁」。

從服飾品到文具、植物，
店內有各種類型的商品

使用麻和久留米絣等天然素
材製作的束口袋各 ¥2,200

Time for
Relaxing **04**

尋找手作的「好東西」

糸島的手工藝品店巡禮

集結了各類型職人的糸島是手工藝品的寶庫。來探訪
銷售這些品質優秀、設計也讓人心動不已的商品的店家吧！

季節花卉做成乾燥花
封藏起來的A5花瓶
¥1,320～1,440

店內備齊有許多糸島製作的豐富商品

Craft

手工藝品

糸島くらし×ここのき
いとしまくらしここのき

店主在「想讓山林充滿活力」的想法下
催生了這家店，透過作家們的作品來發
揮地方木材的優點，讓木材於市面流
通。從食品到手工雜貨，店內共有57名
以糸島物產製作商品的作家精心製作的
作品。

有許多傳遞「糸島
特色」的商品！

位於舊唐津街道沿
路、保留著古老建築
物的商店街裡

將木材組合而成的條
紋碗（¥5,280）與糸島
杉碗（¥3,850～）

糸島 ▶ **MAP** 附錄 P.17 C-4
☎092-321-1020 🗓週二 🕙10:00～18:00
📍糸島市前原中央3-9-1 🚃JR筑前前原站步行7分
🅿5輛

藝術＆手工藝品

用途廣泛的絲巾「SODA LEMON」
（¥8,800～）※照片前方

散發自然品味的日常用品

Art&Craft

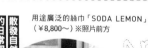

布料是觸感良好的
人造纖維

不定期會舉辦工作坊和
各式活動

KURUMIAN
クルミアン

位於森林中的商店。以藝術＆手工藝品
為中心，販售非洲和亞洲的編織籃、有
機商品等。以抽象畫家宗田檸檬小姐的
原畫數位列印製作的原創絲巾「SODA
LEMON」也是推薦商品之一。

糸島 ▶ **MAP** 附錄 P.16 B-4
☎092-328-2515 🗓週二～五 🕙12:00～16:00
📍糸島市志摩久家2129-1 🚃JR筑前前原站車程
15分 🅿6輛

每項作品都只有一件。店內並排著樸實
而溫暖的作品

陶器

陶工房Ron
とうこうぼうロン

由大內龍太郎先生與夫人由美小姐所經
營的陶藝工房，製作為生活增添趣味、
充滿玩心的陶器。以白熊和貓咪等動物
為主題的器皿，以及如大海般蔚藍美麗
的藍色系列等都很受歡迎。

糸島 ▶ MAP 附錄 P.16 B-3

☎092-327-4680 休不定休 ⏰11:00～
17:00 ♀糸島市志摩小金丸1873-18 🚃JR
筑前前原站車程20分 🅿3輛

動物圖案和美麗
的藍色引人目光

白熊到底在看什麼呢？白熊飯碗
¥3,300

工房名稱的「Ron」
是來自於店主的名字

清爽的藍色讓
人印象深刻
的adlism＋
blue小咖啡杯
¥3,080

PureBlue稜
紋單枝花瓶
¥3,520

可以自由組合的飾品製作體
驗¥3,300起

能夠從數百
種配件中選擇，
組合無限大！

可以組合喜歡的
天然石來製作

除了飾品之外，也有販售雜貨、皮
革小物、照明器具等禮品

心型相連、非常可愛的手鍊
（¥3,300～）

飾品

TABI NO KISEKI
タビノキセキ

可以將喜歡的香氛精油注入玻璃中享受
香氣的薰香飾品非常受到歡迎。也可以
組合喜歡的天然石、玻璃、鍊條和耳勾
等配件當場訂製。也有針對金屬過敏適
用的飾品。

糸島 ▶ MAP 附錄 P.16 B-3

☎092-327-1115 休第3週二
⏰11:00～17:00 ♀糸島市志摩小金丸1870-11
🚃JR筑前前原站車程16分 🅿8輛

以糸島傍晚的平靜海
面為意象的薰香飾品
（¥6,600～）

有各種鮮明色彩
的原子筆

Time for Relaxing 05

如畫般的美麗空間

前往打卡美店朝聖

在此介紹糸島充滿個性的咖啡廳和商店。
可以在時尚的空間裡選購雜貨、享受美食。

紅色大門非常引人
注目的いちごや
cafe TANNAL店頭

Zakka so-la

(雜貨)

ザッカソラ

以「愉快使用」為概念，販售由店主嚴選的廚房用
品和文具等豐富品項的雜貨店。在小小的店裡陳列
著許多為生活增添色彩的繽紛商品。

[糸島] ▶ MAP 附錄 P.17 C-4

☎092-332-9831 🈺週三 🕚10:00～18:00 📍糸島市有田中央
7-15-48 🚃JR筑前前原站車程10分 🅿8輛

🅐沉穩的藍色大門讓人印象深刻
🅑顏色繽紛齊全，宛如鉛筆一樣
的自動鉛筆 🅒讓廚房更加明亮
繽紛的琺瑯水壺（¥5,830～）

so-la

鮮豔的維他命色讓心情
也隨之高昂的繽紛雜貨

COLORFUL

DELICIOUS

滿滿草莓的
甜點時光

cafe
TANNAL

🅐夏季限定特製糖漿的草莓刨冰
（¥750）🅑白底襯托著紅色與
綠色的鮮明招牌 🅒照明和紅色椅
子為空間增色不少

いちごや cafe TANNAL

(咖啡廳)

いちごやカフェタンナル

由專門栽種甘王草莓的草莓農園所營運的咖啡廳。
草莓滿滿的刨冰，濃郁的草莓風味讓美味更加倍。
此外也有草莓果昔和草莓咖哩等，是充分使用新鮮
草莓，能奢華享受草莓料理的咖啡廳。

[糸島] ▶ MAP 附錄 P.17 C-3

☎092-338-2949 🈺無休 🕚11:00～18:00（販售為～19:00）
📍糸島市志富田1640-2 🚃JR筑前前原站車程10分 🅿20輛

BEAUTIFUL

也可以訂製倒掛乾燥花束和一般乾燥花束

可以享受褪色後有如古董藝品般的感覺

使用後山的木材作為柴薪的燃木暖爐。也有販售柴薪

森林小精靈「morizoo」（1個￥1,100）是陶製擺飾品。全為手工製作，因此表情和大小都有微妙的不同

TOKOHANA
トコハナ

乾燥花店

糸島少見的乾燥花專賣店。1朵起即可購買，有許多都是花店少見的珍奇花種。以木頭為基調的店內也販售許多裝在瓶中或附有背板等可以當做擺飾品的乾燥花創意商品。

糸島 ▶ MAP 附錄 P.16 B-4

☎092-332-9648 休週二・第1週日 ⏰10:00～17:00 ♀糸島市志摩御床2166-5 🚃JR筑前前原站車程12分 🅿無

Ⓐ店內瀰漫著柔和的花香 Ⓑ使用季節花卉製作的倒吊乾燥花束（￥3,300～）、花圈（￥3,850～）Ⓒ以乾燥花製作的擺飾品非常時尚

宛如古董藝品般的乾燥花專賣店

CUTE

讓心靈平和安穩的自然風服飾&雜貨

Ⓐ使用木頭製作的耳環和胸針 Ⓑ店面建於可也山的山腳下 Ⓒ黃銅戒指￥770

麻と木と…
あさときと

雜貨

由屋齡超過100年的古民家改裝而成的店內，是店主精心打造的溫暖空間。以「療癒」為主題，從天然素材的服飾到作家的作品，販售許多器皿、植物、園藝用品等使用自然素材製作的用品。

糸島 ▶ MAP 附錄 P.16 B-4

☎092-328-0677 休無休

⏰11:00～17:00 ♀糸島市志摩小富士1251-4

🚃JR筑前前原站車程10分

🅿7輛

從「いちごやcafe TANNAL」開車即到的礒本農園，1月～5月有開放採草莓。

宛如竹簍豆腐般的起司蛋糕

Time for Relaxing **06** 將能感受糸島恩惠的食品伴手禮帶回家

前往 MADE IN 糸島 的食品工房

山海圍繞的糸島是食品的寶庫。以下嚴選以礦物質豐富的天然鹽和當地農家培育的品牌雞蛋等大自然的恩惠做成的食品伴手禮。

竹簍起司蛋糕
（小）¥800

濃郁的起司蛋糕配上酸甜的草莓醬汁與水果，滋味絕佳

外形非常漂亮

將栗子甘露煮裹上過濾後的栗子泥做成蒙布朗，有柔和的甜味

蒙布朗
¥430

鬆軟餅皮夾著奶油餡的達克瓦茲。有焦糖和巧克力2種口味

Fuwa Fuwa

伊都の陽々
1個 ¥200

外層酥脆，裡面是濃郁的奶油餡

🍴 不可內用

CAKE HOUSE Tomita
ケーキハウストミタ

在糸島可說是無人不知、無人不曉的知名蛋糕店。使用的草莓、藍莓、無花果等皆為當地食材，提供安心安全的美味甜點。冷藏糕點和烘焙點心加起來有超過50種。

糸島 ▶ MAP 附錄 P.17 C-4
☎092-324-4118
🏠週三、第1、3週二
🕙10:00～18:00
📍糸島市波多江駅南2-1-10
🚃JR波多江站步行5分
🅿12輛

またいちの塩「炊鹽」
¥378（小）・¥864（大）

撒上鹽來吃的布丁「花鹽布丁」
¥400

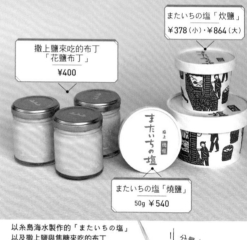

またいちの塩「燒鹽」
50g ¥540

以糸島海水製作的「またいちの塩」以及撒上鹽與焦糖來吃的布丁

分量十足

灑上香草或辛香料等喜歡口味的鹽來享用

薯條
¥400

🍴 內用OK

工房とったん
こうぼうとったん

位於糸島西北端的天然鹽工房。從海水日曬到釜燒，大約要花15天才能做成鹽。將炊鹽的水分蒸發而成的燒鹽，顆粒細緻、風味柔和。也可以在外面參觀將海水引進日曬的立體式鹽田。

糸島 ▶ MAP 附錄 P.16 A-3
☎092-330-8732（代表）
🏠無休
🕙10:00～17:00
📍糸島市志摩芥屋3757
🚃JR加布里站車程20分
🅿13輛

滿滿的奶油餡

印有可愛的河馬形狀

以縣產的無農藥石磨麵粉與品牌雞蛋「つまんでご卵」製作的泡芙

以醬油粕醃漬的起司。切片後就是絕佳的日本酒和燒酎的下酒菜

CUTE!

菠蘿麵包
¥230

醬油粕醃漬起司
60g ¥630

散發水果芳香

經典泡芙
¥260

河馬造型就是標記。外層酥脆，裡面則是鬆軟的口感

層次豐富的熟成型

能品嚐到熟成型特有的濃郁風味。依照熟成期間不同，共有4種。

柔和的雞蛋風味

培根風味讓人食慾大開

琥珀
80g ¥680~

有八成顧客都會購買的人氣商品。在柔和綿密的蛋糕中裹入減糖的鮮奶油餡

つまんでご卵
糸島蛋糕捲
1塊 ¥540

在Q軟有彈力的麵包裡加入風味濃郁的培根

培根麥穗麵包
¥250

葡萄酒的下酒菜

使用米油醃漬，月桂葉和奧勒岡也讓風味更加突出

奶香濃郁~

以「つまんでご卵」與當地牛乳「伊都物語」製作的布丁，簡單樸實而美味

布丁
¥378

口感酥脆又美味

Saku Saku

可頌
¥200

酥脆又纖細的可頌，散發濃醇的奶油香氣

油漬起司
105g ¥530

🍴內用OK

つまんでご卵
ケーキ工房

つまんでごらんケーキこうぼう

使用糸島的品牌雞蛋「つまんでご卵」與福岡縣產的石磨麵粉，鹿兒島縣喜界島的美味砂糖等，堅持採用無農藥和減農藥製法的原料來製作。提供蛋糕捲和布丁、聖代等甜點。

糸島 ▶ MAP 附錄 P.17 C-2

☎092-327-5850 ⏰週二（逢假日則週四休）⏰10:30~17:00 📍糸島市志摩桜井5234-1 🚃JR筑前原原站車程18分 🅿29輛

🍴內用OK

ヒッポー
製パン所

ヒッポーせいパンじょ

以天然酵母製作的歐式硬麵包頗受好評的麵包店。除了有吐司和牛奶麵包等經典麵包之外，也有使用春季高麗菜和油菜花等當季食材製作的麵包。還可以在店內品嚐現沖的咖啡。

糸島 ▶ MAP 附錄 P.17 D-3

☎092-985-1926 ⏰週一、二⏰7:00~16:00（售完打烊）📍福岡市西區今宿駅前1-11-8 🚃JR今宿站步行4分 🅿7輛

糸島ナチュラルチーズ
製造所TAK

いとしまナチュラルチーズせいぞうしょタック

販售曾經在北海道參與過酪農和起司製造的店主所製作的起司。包裝也非常可愛，最適合當作伴手禮。使用從酪農地帶·糸島的酪農家進貨的現擠新鮮牛乳所製作的起司，只有這裡才買得到。

糸島 ▶ MAP 附錄 P.16 B-3

☎092-328-1076 ⏰週一~四、第2、4週日⏰11:00~17:00 📍糸島市志摩初志63-10 🚃JR筑前原站車程16分 🅿4輛

「工房とったん」有設置說明製鹽工程的告示板。

Wowwww

Time for Relaxing **07**

積極擁抱糸島的大自然吧！
糸島的上山下海戶外活動

糸島有許多以大自然為舞台的戶外活動。
不妨找個喜愛的地點盡情地遊玩吧！

剛開始要像在助跑一般跪著往前滑

可以在充滿透明感的大海上盡情玩樂

兩手握槳的間距要寬一點！

站起來後要馬上開始划，就是保持穩定的祕訣

體驗 DATA
SUP體驗

¥	費　用	¥5,000
⏱	所需時間	2小時

SUP（立式划槳）是「Stand Up Paddleboard」的簡稱，是一種站在槳板上划水前進的水上活動。從春天到秋天都可以在大原海岸上進行體驗。

SUP

LADY WIND&SUP
レディウインドアンドサップ

位於大原海水浴場旁，開業超過30年的水上活動俱樂部。由風浪板經歷34年、糸島出生的友枝先生親切指導SUP和風浪板的玩法。也有商店和休息區，就連當地的衝浪客也經常前來遊玩。

糸島 ▶ **MAP** 附錄 P.17 C-2　🈂️R
📞092-807-3690　🈚無休　🕘9:00～11:00
📍福岡市西区今津4787-9 📍JR今宿站轉搭昭和巴士往西之浦14分・大原橋下車，步行5分
🅿️10輛

只用一根救命繩來挑戰過關

體驗 DATA
探險路線

¥	費　用	¥3,800
⏱	所需時間	2小時

難易度最高的路線。利用綁有安全帶的滑索，宛如泰山穿越森林般縱身一跳，過程充滿了刺激。

戶外活動樂園

FOREST ADVENTURE·糸島
フォレストアドベンチャー・いとしま

以「與自然共生」為主題，活用糸島森林所打造的戶外活動樂園。可以一邊踩著樹木上的立足點移動，利用搖來晃去的鞦韆和空中滑索等進行刺激滿點的戶外活動。有難易度不同的2種路線可以選擇。

糸島 ▶ **MAP** 附錄 P.16 A-2　🈂️R
📞080-5548-2070　🈚不定休
（需預約）　🕘9:00～15:00
📍糸島市二丈一貴山312-390 桑の川ハイランド内　📍JR筑前深江站車程30分　🅿️50輛

也有難易度較低的樹冠路線（¥2800）

在森林中的巨大遊樂設施玩個痛快

Kyaaaaaa

從高15 m處往下滑的空中滑索

Let's SUP 體驗！

step 1
調整船槳的長度
船槳立於自己身邊，手筆直往上舉，將其調整到自己手腕左右的長度。

在整面都是美麗大海的
灣內體驗的水上散步

step 2
學習船槳的握法和划槳技巧
以跟自己肩膀差不多同寬的距離握著船槳，滑的時候要垂直下槳，重心往前移，就是划槳的訣竅。

以空氣划槳來做想像訓練

step 3
在陸地上練習划槳
槳板放在沙灘上，跪著進行練習。這邊使用的是比衝浪板還長，較為穩定的3m長左右的槳板。

step 4
朝大海出發！GO！
掌握住感覺後，將腳繩綁在右腳踝上，終於要出海了！春天到秋天時，海水的透明度會特別高。

使用初學者也能安心搭乘的穩定性較高的獨木舟

SUP的魅力在於可以從高點眺望大海。照片為夕陽時的SUP景象

海上獨木舟

Outdoor Marine
アウトドアマリン

海上獨木舟和SUP兩種都能體驗的商店。獨木舟和SUP都能在夕陽最美的日落時分進行體驗。白天的體驗為上午10點，傍晚則是在日落的1個半小時前集合。

糸島　▶ MAP 附錄 P.16 A-3　QR

☎092-400-1850　休 不定休　⏰ 9:00～18:00
📍 糸島市志摩芥屋1163-1　🚃 JR筑前前原站車程15分　P 3輛

Exciting!!

將糸島半島的海洋作為場地，盡情享受水上活動！

體驗 DATA

獨木舟體驗
| ¥ 費　用 | ¥5,000 |
| ⏱ 所需時間 | 1小時30分～2小時 |

SUP體驗
| ¥ 費　用 | ¥5,000 |
| ⏱ 所需時間 | 1小時30分～2小時 |

兩種都能在海灘先進行簡單的授課後，就能出發前往糸島的美麗大海！

不僅是體驗，還有販售平台式獨木舟。也可以試乘

絕不可錯過的產地直銷市場！

Flesh!!

到伊都菜彩選購伴手禮
品項豐富而頗為話題！

約有3000種商品
的大型販賣所

糸島是日本
全國數一數二的
蘭花產地，鮮花種
類也很豐富

號稱年間有超過130萬人造訪的超人氣JA糸島產地直銷市場「伊都菜彩」。這是九州面積最大的直銷設施，從蔬菜、海鮮、糸島牛、糸島豬等農畜產物到加工品，經常備有超過1000種以上的商品。設有內用區，不妨在旅行的空檔順道前去，品嚐糸島的當季美味！

使用充滿生乳風味的牛乳「伊都物語」製作的抹醬。牛乳的柔和香甜超美味

伊都物語
優酪乳
（900㎖）¥650
（500㎖）¥410
（150㎖）¥180

圓糸拉麵
（2份裝）
¥470

100%使用糸島產小麥的拉麵。較為清爽的豚骨風味和帶有咬勁的細麵

伊都物語
牛乳抹醬（大）
¥1,130

Mooooo

糸島牛咖哩
¥515

以糸島牛和糸島產的紅蘿蔔、馬鈴薯、洋蔥等仔細熬煮而成的咖哩

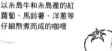

以無添加的新鮮生乳製成的優酪乳。味道濃純又有層次

賣場面積超過1500㎡的大型產地直銷市場

番茄醬
¥415

伊都菜彩
いと・さいさい

糸島　▶MAP 附錄 P.17 C-4

☎092-324-3131　休 無休
⏰9:00～18:00　📍 糸島市波多江567-1　🚃 JR波多江站步行10分
🅿 400輛

100%使用糸島產番茄製成的番茄醬。帶有平衡的甜味與酸味，風味濃郁

難得來到這裡，要不要稍微走遠一點看看呢？

FUKUOKA+

從福岡出發

從福岡市區出發，大約1小時左右就能抵達這些地區。
都難得來了，不妨也順道過去看看吧！

 搭乘**電車**前往

 搭乘**汽車**前往

Dazaifu
[太宰府①]

到太宰府天滿宮
參拜&散步
》P.120

Munakata & Fukutsu
[宗像・福津]

宗像・福津的
能量景點巡禮
》P.126

Dazaifu
[太宰府②]

造訪打卡景點
寶滿宮 竈門神社
》P.122

Karatsu
[唐津]

陶器&美食
兜風行
》P.128

Yanagawa
[柳川]

柳川遊船&
漫步城下町
》P.124

Sasaguri
[篠栗]

篠栗療癒兜風行
》P.130

©篠栗町観光協会

 宗像・福津 (50分) 從福岡出發

福岡 ◉

 篠栗 (30分) 從福岡出發

 唐津 (60分) 從福岡出發

太宰府 (30分) 從福岡出發

柳川 (50分) 從福岡出發

 Let's go!

地位相當於太宰府象徵的神社

太宰府天滿宮
だざいふてんまんぐう

祭祀在平安時代作為學者、政治家、詩人大為活躍的菅原道真的神社。境內除了有道真喜愛的「飛梅」之外，還栽種了6000棵梅花樹。

太宰府 ▶ MAP 附錄 P.18 A-1
☎092-922-8225 休無休 ⏰6:30～19:00（視時期而異） ♀太宰府市宰府4-7-1 🚃西鐵太宰府站步行5分 Ｐ1300輛

>> FUKUOKA+ Dazaifu [太宰府] BY TRAIN
從福岡搭乘電車前往

前往梅花盛開的能量景點參拜

到太宰府天滿宮參拜&散步

以梅花名勝而廣為人知的太宰府天滿宮。參拜過後還可以去商店林立的參道逛逛這個地區才有的店鋪。

從天神前往太宰府，要搭乘西鐵電車的特急或急行電車，在二日市轉乘前往太宰府。所需時間30分。上午時段也有直達的急行電車。

ACCESS BY TRAIN

※2023年5月～2026年預計進行裝修工程，一部分區域可能會有參拜限制

可以保佑消災解厄和一家平安喔！

太宰府天滿宮的本殿據說就位於菅原道真的墓地之上

依季節而變換顏色的御神籤。春天時是梅花的粉紅色

◆◆◆ **太宰府天滿宮的參觀重點** ◆◆◆

✿ 寶物殿 ✿

收藏、展示了跟道真有關的展示物和文化財約5萬件。也有販售原創商品和書籍。

✿ 樓門 ✿

面向本殿時看過去為兩層屋頂，往回走時又會變成一層屋頂，內外側不同形狀的構造非常少見。

✿ 御神牛 ✿

位於服務中心對面的牛雕像。據說只要撫摸牛身上的部位，自己該部位的病痛就會好轉。

三座連接的太鼓橋，據說只要渡橋就能淨身

可以在古民家中悠閒舒適地享用茶點

附梅枝餅的抹茶套餐
￥650

放鬆舒適的古民家咖啡廳

☕ ギャラリーかさの家

咖啡廳　ギャラリーかさのや

可以一邊眺望能感受季節變換的中庭，放鬆小憩的古民家咖啡廳。在聽不見參道喧囂聲的閑靜空間裡，悠閒地享用抹茶與熱騰騰的梅枝餅。梅枝餅也可以外帶。

太宰府 ▶ MAP 附錄 P.18 A-2

☎092-922-7110　無休　10:00～17:00　太宰府市宰府2-7-24　西鐵太宰府站步行3分　無

FUKUOKA+ **DAZAIFU**

BY **TRAIN** CAR

太宰府天滿宮

太宰府天滿宮
太宰府天滿宮服務中心

てのごい家

ギャラリーかさの家

STARBUCKS COFFEE
太宰府天滿宮表參道店

梅園菓子処

西鐵太宰府駅

配合不同季節備有30種以上的干菓子。1顆￥95

青紫蘇風味的鶯餅15顆￥980

有許多樸素又可愛的和菓子

🛍 梅園菓子処

購物　ばいえんかししょ

老字號的和菓子店。名物「鶯餅」裡會放入一隻以傳說中會招來幸運的鶯鳥為模型的土鶯鳥。每月25日的天神樣之日則會販售限定的紅梅色鶯餅。

太宰府 ▶ MAP 附錄 P.18 A-2

☎092-922-4058　週一（逢假日則翌日休）　10:00～17:00　太宰府市宰府2-6-16　西鐵太宰府站即到　1輛

纖細柔美的日式圖案，日本味十足的手巾

🛍 てのごい家

購物　てのごいや

獻上手巾（￥1,100）

販售以日本的四季和風土為設計的手巾。店內商品有九成以上都是手巾。也有印有博多織圖案的手巾和雜貨等。

太宰府 ▶ MAP 附錄 P.18 A-2

☎092-922-1035　不定休　10:00～17:00　太宰府市宰府2-7-26　西鐵太宰府站步行4分　無

「傳統×摩登」的嶄新設計

☕ STARBUCKS COFFEE 太宰府天滿宮表參道店

咖啡廳　スターバックスコーヒー
だざいふてんまんぐうおもてさんどうてん

由日本的代表性建築師隈研吾所設計而聞名。建於參道旁的摩登建築，外觀非常引人注目。採用融合了傳統與現代的複雜軸組構造，店內後方還有種植了象徵太宰府梅花樹的小庭院。

太宰府 ▶ MAP 附錄 P.18 A-2

☎092-919-5690　不定休　8:00～20:00　太宰府市宰府3-2-43　西鐵太宰府站步行4分　無

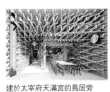

建於太宰府天滿宮的鳥居旁

星巴克那堤與巧克力豆司康

據說因為思慕被逐出京都的菅原道真而飛至太宰府的飛梅，在所有「太宰府天滿宮」的梅花樹中也是最先開花的。

也有藝術家設計的繪馬

時尚滿點的粉紅色社務所蔚為話題

造訪打卡景點 寶滿宮 竈門神社

建於寶滿山山腳下的竈門神社，不僅有設計師一手打造的社務所，還有許多御守和結緣景點等可看之處。

矚目焦點 1
社務所

由世界知名的室內設計師與建築師所打造。櫻花粉紅色的內部裝潢，與象徵詩籤的粉紅色天然石，讓整體呈現清潔感與可愛柔美的感覺。

KIRA KIRA

天花板和壁面都有櫻花做裝飾

以充滿女性氣息的粉紅色天然石搭配圓弧形壁面，給人柔美印象的授與所

能保佑締結各種良緣的結緣之神

寶滿宮 竈門神社
ほうまんぐうかまどじんじゃ

所祭祀的神明是作為結緣之神而受人信仰的玉依姬命，不僅是男女情緣，據說也能保佑在人際關係和工作上廣結善緣。

太宰府 ▶MAP 附錄 P.18 B-1

☎092-922-4106 ❌無休 ➡自由參觀（授與所為8:00～19:00） ♀太宰府市內山883 ➡西鐵太宰府站搭太宰府市社區巴士「まほろば號」往內山7分，終點下車即到 ♿100輛

在設計師的巧思下，設有情侶座椅的展望露台

在白色牆壁上浮現的櫻花

一整面的壁面都裝飾有作為御神紋的櫻花

也有可當做吊飾的各種類型的御守

矚目焦點 2
御守

色彩繽紛、種類豐富的御守共有80種以上。設計也非常可愛，例如結緣紅線，或是草莓造型、晴天娃娃造型的御守等，都非常受到歡迎。

就像飾品一樣！

祈願一期一會相遇的草莓御守（¥800）

據說能帶來良緣的戀愛御守結緣紅線。初穗料¥1,500

CHECK

稍微走遠一些

九州國立博物館
きゅうしゅうこくりつはくぶつかん

以「從亞洲歷史的觀點看日本文化的形式」為宗旨的博物館。有著眼於日本與亞洲各國的文化交流歷史的文化交流展，以及一年會舉辦4次的特別展。

太宰府 ▶ MAP 附錄 P.18 A-2
☎050-5542-8600 休週一（逢假日則翌日休）⏰9:30～16:30（舉辦特別展時的週五、六為～19:30）♀太宰府市石坂4-7-2
🚃西鐵太宰府站步行10分 🅿313輛

一樓的「亞洲吧」為免費入場，可以看到與日本有交流的各國服飾和樂器、玩具等

太宰府遊樂園
だざいふゆうえんち

位於太宰府天滿宮腹地內的遊樂園。從平穩安全的旋轉木馬到雲霄飛車，有超過20種能讓各個世代都盡情玩樂的遊樂設施。

太宰府 ▶ MAP 附錄 P.18 A-1
☎092-922-3551 休不定休 ⏰10:30～16:30（週六日、假日為10:00～17:00）
¥門票600円 ♀太宰府市宰府4-7-8
🚃西鐵太宰府站步行8分 🅿無

穿梭於樹木中，過程有一點刺激的雲霄飛車1次￥400

愛敬之岩

據說如果能閉著眼睛從左側的岩石走到右側岩石的話，戀情就會成功。

若能一次就成功，戀情也能很快實現！

再會之木

日文發音讓人聯想到再會的山皂荚（サイカチ）樹木。只要向樹木誠心祈願「想和意中人重逢」，據說就能實現願望。

矚目焦點 3

結緣景點

除了御本殿之外，境內還有好幾個能成就結緣的景點。據說只要全部繞一圈就能讓戀情開花結果？不妨將結緣的能量景點全部繞過一遍吧！

矚目焦點 4

最佳觀賞季節

竈門神社也是觀賞櫻花和紅葉的名勝地。在櫻花盛開的時期會舉辦櫻花祭，11月下旬則有紅葉祭。到時現場會有許多美食攤販或演奏音樂會，晚上也會打燈。

從3月下旬到4月上旬有染井吉野櫻和山櫻花盛開，鳥居與櫻花爭艷的景色非常漂亮。

秋

春

Photo Point!

鳥居旁的參道周邊有許多楓樹和銀杏，在頭頂環繞成拱門的紅葉很適合拍照打卡。

  從「太宰府天滿宮」到「九州國立博物館」之間有一條單程約5分鐘的電動步道，可以在七彩燈光的包圍下舒適方便地移動。

遊覽保有城下町風情的水都

柳川遊船＆漫步城下町

在城下町柳川，最有名的活動就是搭乘搖櫓船漫遊護城河了。遊船結束後，不妨去風情十足的街道上散步吧！

一邊聽著船頭歌，展開眺望城下町的輕舟之旅

先從遊船開始

RIDE ON!

從天神前往柳川，要搭乘西鐵電車的特急電車。所需時間約50分。柳川觀光列車「水都」也只要付跟普通列車一樣的車資便能乘車。

ACCESS BY TRAIN

Nice! 造訪季節 CHECK

→ **5月下旬～6月下旬**
花菖蒲
5月下旬到6月上旬，可以在路線中間地點的菖蒲園觀賞盛開的花菖蒲。

→ **12～2月**
暖桌船
12月到2月的期間，船上會放置火缽式的暖爐桌，可以在遊船的同時品嚐地酒或甘酒。

→ **3月**
女兒節水上遊行
「柳川雛祭 SAGEMON巡禮」的重頭戲。由扮成雛人偶的女孩們搭乘小船展開水上遊行。

柳川遊船
おほりめぐり

從西鐵柳川站步行5分鐘的地方有3處乘船場，能夠從這裡搭乘搖櫓船遊覽到主要觀光景點的沖端區域，全長約4km。可以在船上眺望保留了傳統建築物的柳川街道。

柳川 ▸ MAP 附錄 P.18 B-3

☎0944-74-0891（柳川市觀光服務處）　休2月中旬　🕐9:00～日落　¥1560～1700円
♀柳川市城隅町、三橋町、新外町、新町　🚃西鐵柳川站步行5～8分（有3處乘船場）
P30輛

遊船沿途的看點
CHECK

【 **彌兵衛門橋** 】
やへえもんばし

橋下的寬度僅能勉強讓小船通過，是充滿刺激的難關

【 **海鼠壁** 】
なまこかべ

這是鋪貼平瓦，接縫處填上漆喰的牆壁。在街上隨處可見

【 **並倉** 】
なみくら

建於明治後期的紅磚建築，現在也作為味噌倉庫使用

下了遊船後…

EAT & WALK

油脂肥美的九州產鰻魚由職人發揮絕妙的燒烤功力手工燒烤而成。圖片為附鰻魚肝湯和漬物的「上等蒸籠鰻魚飯」（￥3,930）

歷史悠久的鰻魚名店

若松屋
わかまつや

於安政年間創業，是柳川首屈一指的老字號鰻魚店。祕傳醬汁是從創業當時就不斷添加而成的古早味。以樫炭大火燒烤再迅速蒸過的鰻魚，吃起來入口即化。

柳川 ▶MAP 附錄 P.18 A-4
☎0944-72-3163 休週三、第3週二（可能會有變動）⏰11:00～19:15 ♀柳川市沖端町26 🚃西鐵柳川站搭西鐵巴士往早津江20分，御花前下車，步行5分 🅿30輛

實際感受大名家的輝煌文化

柳川藩主立花邸 御花
やながわはんしゅたちばなていおはな

可以了解柳川藩主立花家的歷史的國家名勝。明治時代作為伯爵官邸的西洋館、大廳間、庭園等都直接保留了下來，也併設了收藏5000件美術工藝品的史料館。

柳川 ▶MAP 附錄 P.18 A-4
☎0944-73-2189 休不定休 ⏰10:00～16:00 ¥門票1000円 ♀柳川市新外町1 🚃西鐵柳川站搭西鐵巴士往早津江10分，御花前下車即到 🅿無

以黑松和石燈籠構築的「松濤園」是最大的看點。西洋館還保留了燭臺等當時使用的奢華家具

護城河沿岸約有400棵柳樹，可以欣賞樹木綠意盎然的自然美

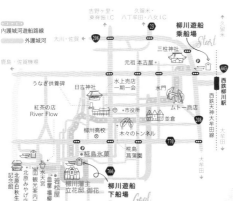

招牌是使用水果做成的冰棒

椛島氷菓
かばしまひょうか

販售使用自家農園採收的熱帶水果和柳川產的「甘王草莓」製作的義式冰淇淋和冰棒。原創商品的烤饅頭「河馬燒」也很受歡迎。

柳川 ▶MAP 附錄 P.18 A-4
☎0944-74-5333 休週三（12月～翌年1月會有臨時休）⏰11:00～16:00 ♀柳川市本城町53-2 🚃西鐵柳川站搭西鐵巴士往早津江10分，本城町下車，步行3分 🅿5輛

有牛奶、抹茶等口味的河馬印冰棒（￥120～）

「柳川藩主立花邸 御花」也併設有旅宿設施。有能眺望庭園的和室、和洋室與洋室，一泊二食￥22,990（2名1室）起

高人氣的世界遺產&廣告拍攝地！

宗像·福津的
能量景點巡禮

因為被登錄為世界遺產並作為廣告拍攝地而聲名大噪的宗像·福津區域。沿海有咖啡廳和人氣的公路休息站，最適合兜風。

守護所有道路的神明 宗像大社

ⓐ 宗像大社 邊津宮

宗像大社是沖津宮、中津宮、邊津宮三宮的總稱。作為各方道路之神而受人信仰

去程可由都市高速公路香椎東出口行駛國道3號往宗像。從福間回程時，除了走國道495號之外，也可以走國道3號開往都市高速公路香椎東入口。

ACCESS BY CAR

START!

POWER SPOT! 夏

ⓓ 宮地嶽神社		ⓒ BEACH CAFE & STAY BOCCO VILLA		ⓑ 公路休息站 むなかた		ⓐ 宗像大社 邊津宮	
都市高速公路香椎東入口 GOAL 車程40分	《	車程6分 2.4km	《	車程16分 11.3km	《	車程4分 2.0km	《 車程35分 都市高速公路香椎東出口 START

ⓐ宗像大社 邊津宮(むなかたたいしゃへつぐう) ☎0940-62-1311 ㊡無休 💰自由參觀(神寶館為9:00~16:00) 🎫神寶館參拜費800円 📍宗像市田島2331 🚌JR東鄉站搭西鐵巴士往神湊15分，宗像大社前下車即到 🅿800輛 MAP附錄 P.19 B-2 ⓑ公路休息站 むなかた(みちのえきむなかた) ☎0940-62-2715 ㊡第4週一(逢假日翌日休) 🕘9:00~17:00，餐廳為11:00~15:30 📍宗像市江口1172 🚌JR東鄉站車程15分 🅿500輛 MAP附錄 P.19 B-1 ⓒBEACH CAFE & STAY BOCCO VILLA(ビーチカフェアンドステイボッコヴィラ) ☎0940-34-3050 ㊡週一(逢假日則翌日休) 🕘11:30~19:00(週日6、假日為~20:00，供餐至各1小時前) 📍福間市西福間4-15-37 🚌JR福間站車程10分 🅿13輛 MAP附錄 P.19 A-2 ⓓ宮地嶽神社(みやじだけじんじゃ) ☎0940-52-0016 ㊡無休 💰自由參觀，御札授與所為7:00~19:00 📍福津市宮司元町7-1 🚌JR福間站搭西鐵巴士往津屋崎橋6分，宮地嶽神社前下車即到 🅿700輛 MAP附錄 P.19 A-1

建於福間海岸邊的
咖啡餐廳

c BEACH CAFE &
STAY BOCCO VILLA

b 公路休息站
むなかた

和風口味的「海帶芽沙拉醬」（￥580），含有宗像大島產的海帶芽葉的海苔佃煮（￥380），濃郁番茄風味的「宗像番茄醬」（￥600）

來客數在九州名列前茅的公路休息站

眼前是一整片的福間海岸白色沙灘。以醬油為基底的自製醬汁讓人食慾大開的烤牛肉鉢￥1,490

POWER
SPOT: 2

d 宮地嶽神社

以光之道為設計圖案的夕陽叶守
￥1,000

由沉入海中的夕陽孕育出的
光之道充滿神祕感

// 御守 \\\

有3個 日本第一

→ 大鈴
到1960年為止都被供奉於拜殿的銅製大鈴，重約450 kg。

→ 大太鼓
直徑2.2m，使用一頭牛的牛皮製作的大太鼓。就所有材料皆為日本國產的太鼓來說是日本第一。

→ 大注連繩
直徑2.6m、全長11m、重量3噸的大注連繩。每年12月會進行更換。

光之道

🕐 時期　僅2月、10月的一週內

會從14時起發號碼牌給希望觀賞者，限量300名。此外，若有參加祈禱儀式的話，也可以從限定120席的祈願特別席（￥5,000）上觀賞。

GOAL!

不同顏色保佑的也不一樣 花御守
￥1,000

以神功皇后為主祭神的宮地嶽神社的總本社，是主管開運、生意興隆的神明。 由於出現在人氣偶像團體拍攝的電視廣告中而引爆話題

在「宮地嶽神社」境內還可以看到從日本各地移建修復的貴重古民家，以及山羊、馬匹等動物。

纖細的彩繪非常美麗
的繪刷毛目盤￥8,800

ⓐ 隆太窯

START!

尋訪陶器的故鄉唐津的好所在

陶器&美食兜風行

在有好幾個唐津燒窯場的唐津尋找器皿順便吃美食♡
現在就出發，來去從福岡市內就能輕鬆前往的陶器故鄉吧！

在鋪有榻榻米的展示空間
裡陳列了各種作品。太龜
先生製作的現代風設計茶
杯￥3,850

去程要經由西九州道前往國道202號。
國道202號的交通量雖然大，但很少塞
車。如果走縣道347號的話，會經過日
本三大松原之一的虹之松原。

ACCESS BY CAR

使用腳踏式轆轤和
牛舌修坯器來塑形

位於悠閒大自然中的唐津燒的名窯

ⓒ Tea&Space 基幸庵

西九州道前原東入口
GOAL

車程45分
《

ⓑ 珈琲 檸檬樹

《 🚗 車程8分
2.1km

ⓐ 隆太窯

《 🚗 車程10分
4.1km

車程40分
《

西九州道前原東出口
START

ⓐ隆太窯（りゅうたがま）　☎0955-74-3503　🏠週三・四　🕙10:00～17:00　📍唐津市見帕4333-1　🚃JR唐津站車程10分　🅿3輛
MAP附錄 P.19 A-3　ⓑ珈琲 檸檬樹（かふぇれもんじゅ）　☎0955-73-4919　🏠週一　🕙10:00～20:00　📍唐津市新興町2936-7　🚃JR
津站步行5分　🅿12輛　MAP附錄 P.19 A-3　ⓒTea&Space基幸庵（ティーアンドスペースきこうあん）　☎0955-72-8188　🏠週二、第4週一
（有不定休）　🕙11:00～18:00　📍唐津市東唐津1-9-21　🚃JR唐津站車程6分　🅿9輛　MAP附錄 P.19 B-3

位於JR唐津站隔壁的喫茶店

招牌菜的唐ワン咖哩焗烤吐司¥900

ⓒ Tea&Space
基幸庵

也有販售木工和玻璃的工藝品

ⓑ 珈琲
檸檬樹

吐司裡放入大量的絞肉咖哩，吐司蓋子也非常可愛

不可錯過的在地美食
「唐ワン咖哩焗烤吐司」！

以唐津燒的器皿來品嚐日式甜點

有許多以漆器和唐津燒盛裝的甜點，可以一次享受料理和民藝品。
冰淇淋抹茶善哉¥940

GOAL！

唐津灣
西唐津駅　　唐津城　　Tea&Space
204　　　　　　　　基幸庵　　GOAL
　　唐津市役所　　　　　前原東入口
隆太窯　珈琲 檸檬樹　ⓒ
ⓐ　唐津駅　　松浦川　虹之松原
　　　　　　和多田駅　虹ノ松原駅
323　　　　JR筑肥線　東唐津駅
　　あや窯展示場　　　　　　202
　　淡如庵　　　　赤水窯
　　　　　　　　鏡山展望台
　　　鬼塚駅　　　　　鏡山
　　　　　　西九州自動車道
　　　　唐津IC
西九州自動車道
　　　　　　　　　START
202　497　　　　前原東出口
0　　2km　203

&MORE
這些窯場也很推薦！

除了茶藝用陶器之外，也有擺設品和餐具等

土平窯 藤ノ木土平
どへいがまふじのきどへい
以花草、生物、具有季節感的事物為題材進行作陶。有許多創作性很高的作品。

唐津 ▶ MAP 附錄 P.14 A-3

☎0955-82-2970 ⏰無休 🕐8:00～17:00 📍唐津市鎮西町野元1315-3 🚃JR唐津站車程25分 🅿10輛

以使用木柴的登窯燒製的茶碗各
¥3,000

あや窯展示場 淡如庵
あやがまてんじじょうたんにょあん
陶藝作家中里紀元、文子夫婦的藝廊。作品承襲自古唐津。

唐津 ▶ MAP 附錄 P.19 A-3

☎0955-72-5709 ⏰無休（需確認）🕐10:00～17:00（需確認）📍唐津市町田5-7-7 🚃JR唐津站步行7分 🅿4輛

腹地內有小河流經，被舒適的大自然所包圍的「隆太窯」也有開放參觀工房。

ⓐ **五塔瀑布**

這一帶是也被稱為篠栗耶馬溪的風景區

HEALING POINT!
春天有櫻花，夏天有新綠，秋天有紅葉等，會隨著季節而變風情的瀑布。在夏天也是很舒適的避暑勝地。

就像從五重塔上傾瀉而下一般，以水流被分為五段落下的模樣而命名的瀑布。這一帶也是也被稱為篠栗耶馬溪的風景區，透明清澈的潭水會映照出四季風光。

穿上好走的鞋子出發！

在閑靜的田園風光包圍下為身心充電

篠栗療癒兜風行

以充滿神祕感的森林為始，有一整片自然山林的篠栗區域。在靜謐與自然的包圍下，享受片刻的放鬆時光。

©篠栗町観光協会

HEALING POINT!
位於旁邊就有清流的山間，可以悠閒放鬆的靜謐地點。

從福岡市內出發，要上都市高速公路從粕屋出口經國道201號往篠栗。在鳴淵水壩入口的十字路口左轉，前往五塔瀑布的停車場。

ACCESS BY CAR

ⓑ **御料理 茅乃舍**

在位於閑靜山間的餐廳裡品嚐當季食材

創立以高湯為始的調味料、食品品牌「茅乃舍」的餐廳。在被大自然包圍的茅草屋頂建築裡，可以享用到從開幕至今最有人氣的十穀鍋等全餐料理。

START!

| d 茶房わらび野 | c 南藏院 | b 御料理 茅乃舍 | a 五塔瀑布 |

都市高速公路粕屋入口 **GOAL**
車程20分

車程20分 10.2km

車程21分 12.5km

車程25分 13.7km

車程17分 都市高速公路粕屋出口 **START**

ⓐ **五塔瀑布**（ごとうのたき）☎092-947-1217（篠栗町產業觀光課）🈯自由參觀 📍篠栗町金出3244-9 🚉JR筑前山手站車程7分 🅿10輛 **MAP**附錄 **P.3 D-2** ⓑ **御料理 茅乃舍**（おりょうり かやのや）☎092-976-2112 🈺週三（遇假日則翌日休）🕐11:00～13:30、17:00～19:30（週六、假日前日為～20:30）📍久山町猪野字櫸屋395-1 🚉JR篠栗車站車程16分 🅿55輛 **MAP**附錄 **P.3 D-2** ⓒ **南藏院**（なんぞういん）☎092-947-7195 🈺無休 🈯自由參觀（涅槃像參拜為9:00～17:00）📍篠栗町篠栗1035 🚉JR城戶南藏院前站步行5分 🅿100輛 **MAP**附錄 **P.3 D-3** ⓓ **茶房わらび野**（さぼうわらびの）☎092-948-6555 🈺不定休 🕐11:00～16:00、17:00～20:00（晚上需預約）📍篠栗町若杉20-1 🚉JR篠栗站車程20分 🅿30輛 **MAP**附錄 **P.3 D-3**

全長41m、重達300噸的巨大涅槃像，以青銅製佛像來說號稱為世界第一。 據說只要摸佛像的腳底就能提升財運

ⓒ **南藏院**

全長 **41m!!**

✳ **HEALING POINT!**
篠栗四國靈場的總本寺，也是高野山真言宗的別格本山，是非常靈驗的場所。

橫臥的巨大涅槃像讓人印象深刻

ⓓ **茶房わらび野**

✳ **HEALING POINT!**
從玻璃帷幕的建築物中能夠遠眺博多灣上的小島，壯麗的景色讓人倍感療癒。

眼前是一大片大自然的全景

能欣賞到周圍山林風光的玻璃帷幕咖啡廳。冰烤蘋果佐香草冰淇淋（￥1,000）吃得到蘋果的柔和香甜

GOAL!

九州自動車道
犬鳴山
遠見岳
山陽新幹線
ⓑ 御料理 茅乃舍
粕屋IC
福岡IC
JR篠栗線
五塔瀑布 ⓐ
南藏院 ⓒ
城戶南藏院前駅
篠栗駅
門松駅
篠栗町總合運動公園
カブトの森公園
若杉の湯
長者原駅
START/GOAL 粕屋出入口
岳城山
ⓓ 茶房わらび野
若杉山
須惠PA
0　　　　2km

「五塔瀑布」的櫻花（3月中旬～4月上旬）和紅葉（11月中旬～12月上旬）時期也很值得一看。

私房店！

I DON'T WANNA TELL YOU BUT...

就由我告訴各位！

下面介紹的是只有在地人才知道的隱密私房店。

居住福岡的美食女子
— Yukari Miyata —

在充滿大眾氛圍的店內享受
清爽豚骨的創意拉麵和燒酎

招牌菜是在名店修行過的店主所做的「土竜俺拉麵」

時光彷彿回到昭和時代般的外觀

脫了鞋子進入店內後……

加了蘿蔔的拉麵￥660就算喝過酒後也能無負擔地享用

店裡陳列了充滿古早味的電影海報和稀有的公仔

もぐらがおれをよんでいる
土竜が俺を呼んでいる

主要提供拉麵和燒酎的居酒屋。燒酎以九州產的為主，種類超過120種。運氣好的話還能吃到店主心血來潮端出的心血來潮麵或夢幻豚骨咖哩等不定期出現的稀有菜色。

燒酎、拉麵和極品下酒菜叉燒是一定要點的

大名 ▶ **MAP**附錄 P.6 A-4
☎ 092-716-3388　休 不定休
（通常為週日或週一的其中一天）　🕐 19:00～翌2:00　♀ 福岡市中央区大名1-9-18　🚇 地鐵赤坂站步行7分　Ｐ 無

RETRO

132

在地人都偷偷去這裡

其實不想告訴你的在地人

就像下班後或是在假日來到熟悉的喫茶店一樣，可以度過只有自己的時光

位於欅樹大道旁的建築物2樓，就像大人的祕密基地一樣。

隨季節更換的手作蛋糕。照片為開心果慕斯（￥600）及生起司蛋糕（￥450）

夜晚也能吃到的絕品手作蛋糕和一點小酒

推開門後，眼前是能讓人感受到溫暖舒適的木質空間！

像純喫茶般給人沉穩印象的店面外觀

小小的店內有吧檯座與2個桌椅座，以及和藹可親的親切店長

一整面的葡萄酒架就是現成的酒單。價格大約落在￥3,000左右

TASTY

CLASSICAL

暖色系的燈光營造出沉穩的空間，舒適到讓人不禁想要久坐

店長推薦的是焗烤龍蝦佐濃郁美式醬汁（￥2,200）

ミックコメルシー
Mic comercy

能享用手作甜點、咖啡和美酒的喫茶店。充滿蘭姆酒香氣的開心果慕斯和也很適合下酒的濃郁起司蛋糕等，會隨季節而變化的菜單也非常吸引人。不妨搭配香醇柔和的熱成咖啡一起享用吧！

▶藥院 ▶ MAP附錄 P.10 B-1
☎092-713-5445　休週二、第1‧2週一　🕐13:00～21:30
📍福岡市中央区藥院1-14-18　🚃西鐵藥院站步行5分　🅿無

グラタンとワインクロ
グラタンとワインClos

如同店名所示，是提供美味焗烤與葡萄酒的店。除了焗烤料理之外，起司燉飯等 適合搭配葡萄酒的單品料理也很豐富。每日更換的單杯葡萄酒約有6、7種可以選擇，價格也很合理，從￥490起。

▶警固 ▶ MAP附錄 P.12 B-1
☎050-1025-1244　休週日、一、假日　🕐17:00～22:00
📍福岡市中央区警固2-18-13 オークビル1‧2F
🚇地鐵赤坂站步行7分　🅿無

　「Mic comercy」除了蛋糕之外，也有提供季節性的水果聖代和肉桂吐司等。

縣民熱愛得不得了的
在地美食
就是這個!!

在地梗滿點的

彈塗魚饅頭
→¥200～

火腿蛋內餡是人氣NO.1

造型是棲息於有明海的彈塗魚。由長崎縣出生的創業者發想，在福岡一炮而紅。

說到雪糕就是這個!

黑色蒙布朗
¥130

將香草雪糕裹上口感酥脆的脆米粒，可說是福岡縣的縣民雪糕。

曼哈頓 ¥138

1974年發售後熱賣至今的甜甜圈，在縣內的超市都有販售。

酥脆口感

當地話題

元祖鍋燒麵 ¥792

以相撲鍋為靈感而誕生的「博多めんちゃんこ亭」的原創麵料理。

將火鍋料與麵一條一起享用

うまかっちゃん
1包¥132

福岡經典的豚骨泡麵。香氣濃郁獨特的調味油讓美味更加倍。

來一喔

你知道嗎!?
福岡小常識

日本全國都說可愛的
福岡的方言

給人柔軟溫和印象的博多腔。下面要解說在街上常聽到的方言。

なんしようと？→你要做什麼？
（範例）「休日はなんしようと？」你放假要做什麼？

とっとーと→保留
（範例）「最後に食べるためにとっとーと」我要留到最後才吃。

ばり→非常
（範例）「このスイーツばりおいしい！」這個甜點非常好吃！

〜やけん→所以
（範例）「休みやけん、どっか行こうよ」放假了去外面走走吧！

〜よう→〜正在
（範例）「今、歩きよう」我現在正在走路。

巴士站牌
沒有人排隊

在巴士班次較多的市中心，車子一來就各自上車才是常識。

©SoftBank HAWKS

縣民幾乎都是
軟銀鷹隊球迷

幾乎所有縣民都喜歡地方球團「軟銀鷹隊」，甚至連加油歌都會唱。

博多站充滿了
可頌的香氣

在車站中央有可頌專賣店，到處充滿了香甜的氣息。

就由我告訴各位！

介紹經典的福岡名物和熱門話題。只有在福岡才能看到的人氣當地電視節目也不可錯過！

居住福岡的寫手
Ayumi Oono

讓福岡的傍晚變得更有趣！

＼滿載福岡的每日情報／
百道濱STORE

`8ch[TNC]西日本電視台`
[週一～四]9:50～11:15、
[週五]9:50～11:25

1998年開始播出的長壽節目。傳遞福岡的當季情報和時事梗。介紹縣內烏龍麵店的烏龍麵MAP等名物專題也很受歡迎。

還有三星級的好康情報喔！

＼直接告訴你今天都想知道的事！／
シリタカ！

`1ch[KBC]九州朝日放送` [週一～五]18:15～19:00

福岡今天發生什麼事？以讓民眾在忙碌的傍晚輕鬆了解當地情報為宗旨，由充滿好奇心與地方愛的演藝陣容為大家提供讓生活更便利的情報。

喔！！！

跟我們一起到各個地方玩吧！

地方喔！

福岡有很多好

> 了解福岡的最新情報！
> # 地方的人氣電視節目

＼讓你掌握福岡每天的新聞／
專題報導 記者之力

`8ch[TNC]西日本電視台` [週一～五]15:45～19:00

平日下午3點45分開始的地方專題新聞節目。由擔任節目主持的記者們以福岡縣為中心，飛奔到各地用特有的角度在現場採訪，以自己的話語來報導新聞。

＼由當地藝人帶隊的人情綜藝節目／
華丸・大吉的你在做什麼？

`8ch[TNC]西日本電視台` [週五]19:00～20:00

由福岡出身的藝人——博多華丸・大吉搭配每次不同的來賓，尋訪縣內的市鎮村與當地人交流的綜藝節目。以2人獨特的視點，生動有趣地介紹當地特有的魅力。

助理主持人是山梨出身的FBS主播伊藤舞

主要主持人為大阪出身的跳傘部隊齋藤優

＼不是福岡人就不覺得好笑的綜藝節目!?／
地方驗證綜藝 福岡君

`5ch[FBS]福岡放送`
[週日]12:35～

以當地人才懂的小眾過頭的福岡梗獲得高收視率的怪物節目。「硬麵派多數」、「什麼都加柚子胡椒」等，以福岡特有的題材來追根究柢調查驗證。

「うまかっちゃん」除了基本的豚骨口味之外，還有使用焦香大蒜的熊本拉麵等各種口味。

博多咚打鼓海港節 博多どんたく港まつり

日期：2023年5月3～4日（2日為前夜祭）
地點：福岡市內
費用：免費
官網：https://www.dontaku.fukunet.or.jp/

菖蒲祭 菖蒲まつり

日期：2023年5月27日～6月11日
地點：宮地嶽神社
費用：免費
官網：https://www.miyajidake.or.jp/

飯塚納涼煙火大會 飯塚納涼花火大会

日期：2023年8月1日
地點：飯塚市遠賀川中之島
費用：免費
官網：https://www.iizuka-cci.org/2023/05/post-2801/

御花 奇怪夜行 御花 奇怪夜行

日期：2023年8月4～6日、11～13日、18～20日
地點：柳川藩主立花邸 御花
費用：大人1,500円、高中生1,000円、中小學生500円、學齡前兒童免費
官網：https://ohana.co.jp/pages/yokaievent

筑後川煙火大會 筑後川花火大会

日期：2023年8月27日
地點：久留米市筑後川沿岸5處會場
費用：免費
官網：https://welcome-kurume.com/events/detail/ee39e5e5-fb6b-46b1-b16a-618264042dda

蘆屋沙雕展 あしや砂像展

日期：2023年10月27日～11月12日
地點：蘆屋海濱公園（福岡縣遠賀郡芦屋町芦屋1455-284）
費用：大人500円、中小學生200円
官網：https://ashikan.jp/sazouten/

福岡其他有趣的
慶典&活動

※每年舉辦的日期不盡相同，也有停辦的可能。建議在排定行程時再次上官網確認。

椎田梅花祭 しいだ梅祭り

日期：2023年2月10日～3月10日
地點：綱敷天滿宮（福岡縣築上郡築上町大字高塚794-2）
費用：免費
官網：https://www.town.chikujo.fukuoka.jp/s036/020/030/010/090/umematsuri.htm

全國梅酒祭in JR博多2023
全国梅酒まつりin JR博多2023

日期：2023年4月7日～9日
地點：JR博多站前廣場
費用：預售票1,400円、當日票1,600円
官網：https://umeshu-matsuri.jp/hakata/

淨光寺藤花祭 浄光寺藤まつり

日期：2023年4月中旬～下旬
地點：淨光寺（福岡縣宗像市江口1330）
費用：協力金100円
官網：無

三井寺風鈴隧道 三井寺風鈴トンネル

日期：2023年4月29日～9月3日
地點：三井寺（福岡縣田川市伊田2706-1）
費用：僅點燈時需支付參拜費，大人1,000円，高中生以下免費
官網：https://www.instagram.com/mitsuidera_byodoji

山王寺風鈴祭 山王寺風鈴祭り

日期：2023年5月1日～10月1日
地點：山王寺（福岡縣糟屋郡篠栗町篠栗2361）
費用：免費
官網：https://sasagurikanko.com/type-temple/%E5%B1%B1%E7%8E%8B%E5%AF%BA/（篠栗町觀光協會）

HOW TO GO TO FUKUOKA

ACCESS GUIDE 交通指南

DEPARTURE

[首先要前往福岡]

不可不知！
Key Point

◆臺灣飛往福岡有從桃園及高雄出發的班次，飛行時間約為2小時至2小時50分。
◆從日本首都圈前往可搭乘飛機，從京阪神前往則要搭乘新幹線較為快速且便利。
◆連休時就不用說了，一遇到福岡舉辦演唱會或舉辦大型會議、學會時，都比較不好訂票。

臺灣直飛福岡的班機

航空公司	出發地點	需時 ⏱TIME	參考票價（單程）💲PRICE	班數
中華航空	✈ 桃園	2小時5分～20分	6,532～	1天2班
長榮航空	✈ 桃園	2小時10分	7,558～	1天2班
	✈ 高雄	2小時50分	10,821～	1天1班
全日空（由長榮航空營運）	✈ 桃園	2小時10分	10,968～	1天2班
日本航空（由中華航空營運）	✈ 桃園	2小時5分～20分	12,436～	1天2班
星宇航空	✈ 桃園	2小時	11,728～	1天1班
台灣虎航	✈ 桃園	2小時20分	5,699～	1天1班

從福岡機場到市區

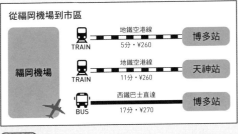

福岡機場	🚆 TRAIN	地鐵空港線 5分・¥260	博多站
	🚆 TRAIN	地鐵空港線 11分・¥260	天神站
	🚌 BUS	西鐵巴士直達 17分・¥270	博多站

RESERVATION & CONTACT

✈ 航空公司洽詢專線

中華航空	☎ 412-9000
長榮航空	☎ 02-25011999
星宇航空	☎ 02-27911199
台灣虎航	☎ 02-77531088
全日空	☎ 02-25211989
日本航空	☎ 02-81777006

CHECK!
行前須知

臺灣飛福岡的機票價格會因季節而有很大的差異。寒暑假及過年期間屬於旅遊旺季，機票價格通常較高，也較不易訂到機票。其餘時間票價變化幅度頗大，有機會買到便宜的機票。此外航空公司不定期推出的優惠也值得留意。台灣虎航在2022年底曾推出飛福岡的早鳥票，單程票價低至2,000元以下，搭乘期間為2023年的3月至10月。若是已經有旅遊計畫，不妨多關注這類的消息，以便提早搶票。

刊載內容為2023年8月時的資訊。時刻表和票價可能會有變動，出發時請事先確認。

HOW TO GO TO FUKUOKA
ACCESS GUIDE　交通指南
ARRIVAL

[抵達福岡後要怎麼走？]

不可不知！
Key Point

◆從福岡機場到博多站、中州、天神，只要一班地鐵即可抵達。
◆若要前往福岡市區、太宰府、柳川觀光的話，可搭乘大眾交通工具。
◆若要前往糸島、唐津、宗像觀光的話，建議租車。

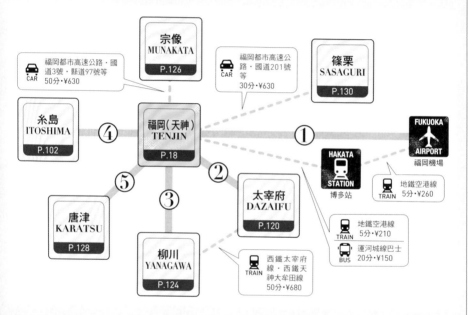

宗像 MUNAKATA P.126
篠栗 SASAGURI P.130
糸島 ITOSHIMA P.102
福岡（天神）TENJIN P.18
太宰府 DAZAIFU P.120
唐津 KARATSU P.128
柳川 YANAGAWA P.124
FUKUOKA AIRPORT 福岡機場
HAKATA STATION 博多站

CAR 福岡都市高速公路‧國道3號‧縣道97號等 50分‧¥630
CAR 福岡都市高速公路‧國道201號等 30分‧¥630
TRAIN 地鐵空港線 5分‧¥260
TRAIN 地鐵空港線 5分‧¥210
BUS 連河城線巴士 20分‧¥150
TRAIN 西鐵太宰府線‧西鐵天神大牟田線 50分‧¥680

① ② ③ ④ ⑤

① 福岡機場→天神　AIRPORT→TENJIN

前往天神 P18

TRAIN 地鐵（福岡市營地鐵）　**11分‧¥260**
▶福岡空港站→〈福岡市營地鐵空港線〉→天神站
▶白天1小時7～11班

BUS 巴士（西鐵巴士）　**33分‧¥360**
▶福岡機場國內線客運大樓南口→〈西鐵巴士〉→天神中央郵便局前
▶白天1小時1、2班

CAR 開車（租車）　**20分**
▶福岡空港站→一般道路→西鐵福岡（天神）站

⚠ ‧巴士在博多站和西鐵福岡（天神）站附近經常會塞車，建議搭乘地鐵

C O N T A C T
 交通洽詢專線

ⒸONTACT…洽詢電話

●鐵路
Ⓒ JR九州服務中心　☎0570-04-1717
Ⓒ JR九州博多站　☎092-431-0202
Ⓒ 福岡市營地鐵　☎092-734-7800
●巴士
Ⓒ 西鐵巴士　☎0570-00-1010
Ⓒ 昭和巴士　☎0955-74-1121
Ⓒ 福岡體驗巴士事務局　☎092-400-6141

要遊覽太宰府‧柳川區域的話，購買西鐵電車的乘車券加上能享受美食和各項設施折扣的優惠套票會比較划算。

太宰府漫遊套票

包含從西鐵福岡（天神）站或藥院站前往太宰府站的西鐵電車來回優惠乘車券，以及2個太宰府名物梅枝餅的交換券。也有太宰府遊樂園和腳踏車出租的折扣優惠。
票價：¥960
販售：西鐵福岡（天神）站、藥院站

柳川特盛套票

包含西鐵天神大牟田線的特急、急行停靠站的主要車站往西鐵柳川站的來回優惠乘車券，以及柳川遊船的乘船券、可自選的柳川美食餐券等的優惠套票。還有北原白秋故居和柳川西鐵計程車等的折扣優惠。
票價：約¥5,260～從西鐵福岡（天神）站、藥院站乘車時
販售：西鐵福岡（天神）站、藥院站、大橋站、太宰府站等主要車站
※從2023年8月1日起暫停售票。

太宰府‧柳川觀光套票

包含了從西鐵福岡（天神）站或藥院站前往太宰府站～西鐵柳川站之間的西鐵電車來回優惠乘車券，以及柳川遊船乘船券的套票。也有太宰府‧柳川區域的設施和飲食店的折扣優惠。
票價：¥3,080
販售：西鐵福岡（天神）站、藥院站

要前往柳川、太宰府一帶，也可以搭乘將各地區的特色活用於設計的觀光列車。只有該地區才能搭乘的列車，一定能讓旅行的心情更加高昂！

旅人（たびと）

以開運為主題進行設計、展示的列車。列車外部描繪著太宰府各處觀光名勝的模樣，內部則有祈願長壽、子孫繁榮等每個車廂各異的開運紋樣。不妨根據想要實現的願望來選擇搭乘相應的車廂吧！
主要運行區間：西鐵二日市～太宰府
運行班次：平日來回10班，週六日、假日來回13班

水都（すいと）

以「傳統與四季風彩」為主題，將SAGEMON吊飾和菖蒲等柳川的風物詩以日本傳統色彩來表現。也有發送以柳川藩初代藩主相關物品為主題的乘車紀念卡，並設有文化遺產複製品的展示空間。
主要運行區間：西鐵福岡（天神）～大牟田
運行班次：平日來回3班，週六日、假日來回5班

---

② 福岡（天神）→太宰 FUKUOKA→DAZAIFU

前往太宰府 P.120

🚃 **電車（西鐵天神大牟田線）** 　30分‧¥410
TRAIN
- ▶福岡（天神）站→〈西鐵天神大牟田線‧急行〉→太宰府站
- ▶1小時4班（在西鐵二日市站轉乘）

🚌 **巴士（太宰府定期巴士「旅人」）** 　40分‧¥610
BUS
- ▶博多巴士總站→〈太宰府定期巴士「旅人」〉→太宰府
- ▶白天1小時2～3班（經由福岡機場國際線客運大樓）

🚗 **開車（租車）** 　30分‧¥630
CAR
- ▶西鐵福岡（天神）站→天神北IC→〈福岡都市高速公路〉→水城出口→太宰府站

⚠ ‧由於西鐵電車開往太宰府的直達急行列車班次較少，因此也可以搭乘班次較多的開往大牟田方向的特急、急行列車，在二日市站轉乘前往太宰府方向的列車

---

③ 福岡（天神）→柳川 FUKUOKA→YANAGAWA

前往柳川 P.124

🚃 **電車（西鐵天神大牟田線）** 　50分‧¥860
TRAIN
- ▶西鐵福岡（天神）站→〈西鐵天神大牟田線‧特急往大牟田〉→西鐵柳川站
- ▶白天1小時2班

🚗 **開車（租車）** 　1小時10分‧¥2,030
CAR
- ▶西鐵福岡（天神）站→天神北入口→〈福岡都市高速公路、九州自動車道〉→みやま柳川IC→柳川站

⚠ ‧開車時，也可以不上高速公路，而從福岡市區走國道385號直達柳川。所需時間不到2個小時

---

④ 福岡（天神）→糸島（二見浦）FUKUOKA→ITOSHIMA

前往糸島 P.102

🚗 **開車（租車）** 　40分‧¥780
CAR
- ▶西鐵福岡（天神）站→天神北入口→〈福岡都市高速公路、福岡前原道路〉→今宿IC→二見浦

⚠ ‧二見浦是有夫婦岩和海濱咖啡廳聚集的糸島必訪人氣區域
‧往糸島的入口今宿十字路口非常容易塞車
‧從天神搭乘地鐵、JR直達電車，約30分鐘即可抵達糸島市的市區中心和前原，但接下來要靠巴士周遊觀光就比較不便

---

⑤ 福岡（天神）→唐津 FUKUOKA→KARATSU

前往唐津 P.128

🚃 **地鐵、JR（福岡市營地鐵、JR筑肥線）** 　1小時15分‧¥1,160
TRAIN
- ▶天神站→〈地鐵空港線、JR筑肥線，往西唐津〉→唐津站
- ▶白天1小時1～2班

🚌 **巴士（昭和巴士）** 　1小時16分‧¥1,050
BUS
- ▶西鐵福岡高速巴士總站→〈昭和巴士唐津號〉→アルピノ前
- ▶白天1小時1～2班

🚗 **開車（租車）** 　1小時‧¥1,000
CAR
- ▶西鐵福岡（天神）站→天神北IC→〈福岡都市高速公路、福岡前原道路〉→前原東出口→唐津站

⚠ ‧由於地鐵空港線往西唐津方向的列車班次較少，因此也可以搭乘往前原附近方向的列車，在終點站轉往西唐津方向的列車
‧電車採用長椅型的通勤車廂

INDEX

福岡
糸島

●景點 ●美食 ●購物 ●療癒 ●體驗

Special Thanks

Thank you!

COLOR➕PLUS
【繽紛日本 04】

福岡 糸島

作者／昭文社媒體編輯部
翻譯／賴純如
特約編輯／彭智敏
內文排版／李筱琪
發行人／周元白
出版者／人人出版股份有限公司
地址／ 231028 新北市新店區寶橋路 235 巷 6 弄 6 號 7 樓
電話／ (02)2918-3366（代表號）
傳真／ (02)2914-0000
網址／ www.jjp.com.tw
郵政劃撥帳號／ 16402311 人人出版股份有限公司
製版印刷／長城製版印刷股份有限公司
電話／ (02)2918-3366（代表號）
香港經銷商／一代匯集
電話／ (852)2783-8102
第一版第一刷／ 2023 年 10 月
定價／新台幣 380 元
港幣 127 元

Colorplus Fukuoka
Copyright ©Shobunsha Publications,Inc,2022
All rights reserved. First original Japanese edition published by
Shobunsha Publications,Inc. Japan
Chinese (in traditional characters only) translation rights arranged with
Jen Jen Publishing Co.,Ltd through CREEK & RIVER Co., Ltd.

國家圖書館出版品預行編目 (CIP) 資料

福岡糸島 / 昭文社媒體編輯部作；賴純如翻
譯 . -- 第一版 . -- 新北市：人人出版股份有限
公司 , 2023.10
面；　公分 . -- (繽紛日本；4)
譯自：福岡：糸島

ISBN 978-986-461-351-9(平裝)

1.CST: 旅遊 2.CST: 日本福岡市
731.781109　　　　　　　　112014419

See you
next trip!

■ 本書使用注意事項

●本書刊載的內容為2022年6～8月時的資訊，有可能已經變更，使用時請事先確認。各種費用也有因稅率調整而變更的可能性，因此有部分設施標示的費用為未稅金額。另外，各設施為因應新冠肺炎疫情，營業日、營業時間、開幕日期，以及大眾運輸系統的運行等預定皆有可能更改，出發前請務必在各活動或設施的官網，以及各地方單位的網站上確認最新消息。因本書刊載的內容而產生的各種糾紛或損失，敝公司無法做出補償，敬請諒察之後再利用本書。
●由於電話號碼是各設施洽詢用的號碼，有可能非當地號碼。在使用導航等搜尋位置時，有可能出現與實際不同的地點，敬請留意。
●公休日僅寫出固定的休息日，未包括臨時休業、盂蘭盆節及新年假期。
●開館時間及營業時間基本上為入館截止時間或最後點餐時間。
●在費用的標示上，入場費等基本上為大人的金額。
●交通方式為主要前往方式及估計的所需時間。使用IC卡時運費及費用有可能不同。
●停車場末區分免費或收費，有停車場時會以車位數表示。
●關於本書中的地圖
測量法に基づく国土地理院長承認（使用）R 4JHs 19-136343　R 4JHs 20-136343　R 4JHs 21-136343　R 4JHs 23-136343
R 4JHs 24-136343

※本書若有缺頁或裝訂錯誤可進行更換。未經許可禁止轉載、複製。

My Baggage

— 走吧，出門旅遊去 —

In Bag

- ☐ 錢包　*有帶日幣嗎？*
- ☐ 票券
- ☐ 手帕／面紙
- ☐ 筆記本／筆
- ☐ 旅行指南
- ☐ 常備藥品
- ☐ 雨具
- ☐ 護照

Clothes

- ☐ 　　　　／
- ☐ 　　　　／
- ☐ 內衣褲
- ☐ 襪子
- ☐ 毛巾
- ☐ 睡衣　*有帶暖暖包嗎？*
- ☐ 泳衣／禦寒衣物及用品
- ☐ 驅蟲劑

Toiletries

- ☐ 化妝包
- ☐ 洗髮精／護髮乳
- ☐ 沐浴乳
- ☐ 洗面乳／卸妝用品
- ☐ 牙刷
- ☐ 隱形眼鏡／清潔液　*有帶眼鏡嗎？*
- ☐ 生理期用品

Gadget

- ☐ 手機
- ☐ 相機　*有帶記憶卡嗎？*
- ☐ 充電器／行動電源
- ☐
- ☐
- ☐

Must To Do

— 難得來玩就不要錯過 —

GO
想去的地方！

- ☐
- ☐
- ☐
- ☐
- ☐
- ☐

EAT
要吃的美食！

- ☐
- ☐
- ☐
- ☐
- ☐

DO
必做的事情！

- ☐
- ☐
- ☐
- ☐
- ☐
- ☐
- ☐
- ☐
- ☐
- ☐

PHOTO
想拍的照片！

- ☐
- ☐
- ☐
- ☐
- ☐
- ☐

BUY
要買的東西！

- ☐
- ☐
- ☐
- ☐
- ☐
- ☐

什麼都不做也很好！

☐ Do Nothing

Enjoy your trip!

My Schedule

— 難得來玩就要盡情享受 —

DAY 3

Destination   **Transportation**

✈ 🚆 🚌 🚗

AM
: ⟩ Breakfast/

PM
: ⟩ Lunch/

NIGHT
: ⟩ Dinner/

Back home ⟩ ✈ 🚆 🚌 🚗

DAY 2

Destination   **Transportation**

✈ 🚆 🚌 🚗

AM
: ⟩ Breakfast/

PM
: ⟩ Lunch/

NIGHT
: ⟩ Dinner/

STAY ⟩

DAY 1

Destination   **Transportation**

✈ 🚆 🚌 🚗

Let's go ⟩ ✈ 🚆 🚌 🚗

PM
: ⟩ Lunch/

NIGHT
: ⟩ Dinner/

STAY ⟩

Memory | 記下旅途回憶

....

....

....

....

Enjoy your trip!